Lars Meuser

Theodor Storms
»Der Schimmelreiter«

Lars Meuser

Theodor Storms »Der Schimmelreiter«

Einführende Analyse und Gesamtinterpretation

Tectum Verlag

Lars Meuser

Theodor Storms »Der Schimmelreiter«
Einführende Analyse und Gesamtinterpretation
ISBN: 978-3-8288-2471-3

Besuchen Sie uns im Internet
www.tectum-verlag.de

Bibliografische Informationen der Deutschen Nationalbibliothek
Die Deutsche Nationalbibliothek verzeichnet diese Publikation in der Deutschen Nationalbibliografie; detaillierte bibliografische Angaben sind im Internet über http://dnb.ddb.de abrufbar.

Inhalt

1 Einleitung

Theodor Storms Novelle *Der Schimmelreiter* nimmt bis heute eine herausragende Stellung im Werk des Husumer Dichters ein. Sie ist zum einen das letzte Werk, das Storm unter der großen Belastung eines Magenkrebsleidens noch kurz vor seinem Tod 1888 fertig stellen konnte. Zum anderen fällt sie mit ihrem Umfang von gut 100 Seiten als sein längstes Werk auf. In ihr tauchen darüber hinaus typische Erzählmotive auf, die sich durch Storms gesamtes Novellenschaffen ziehen. Trotz ihrer relativen Kürze bietet die Novelle bis heute viele Anknüpfungspunkte für weitergehende Interpretationen, wie beispielsweise das Verhältnis des Menschen zur Natur oder zum Aberglauben.

Bis heute haben sich viele Literaturwissenschaftler und Literaturdidaktiker intensiv mit dem *Schimmelreiter* auseinandergesetzt. Die einen greifen beispielsweise den Aspekt des Übernatürlichen auf, die anderen legen eine Gesamtinterpretation vor, und wieder andere bereiten das Werk didaktisch für den Schulunterricht auf. Dementsprechend weit ist das Feld, in dem sich die Vorarbeiten zu dieser Arbeit bewegt haben. Vor dem Hintergrund dieser Erfahrung besteht die Zielsetzung der vorliegenden Arbeit deshalb in einer eingehenden Interpretation und Analyse der Novelle, wobei die wichtigsten Aspekte Beachtung finden sollen. Insbesondere soll der Versuch unternommen werden, die Novelle in ihrer Gesamtheit zu deuten und eine möglichst geschlossene und damit schlüssige Interpretation vorzulegen. Ausdrücklich wird mit dieser Arbeit aber kein didaktischer Anspruch verbunden.

Zunächst soll das novellistische Werk Storms von seinen Anfängen 1848 bis zum *Schimmelreiter* 1888 umrissen werden. Dabei sollen einzelne Schaffensphasen herausgearbeitet und für Storm typische Erzähltechniken und Motive aufgezeigt und in den Kontext des Gesamtwerkes eingeordnet werden. Dies erleichtert die Einordnung seiner Altersnovelle und kann zu ihrem besseren Verständnis beitragen.

In einem zweiten Arbeitsschritt werden dann die vielen verschiedenen Quellen vorgestellt, die Storm in die Novelle eingearbeitet hat. Darüber hinaus wird auch der Frage nachzugehen sein, warum Storm sich bei genau diesen Quellen für seine letzte Novelle bedient hat.

Hieran schließt sich die eigentliche Interpretation der Novelle an. Zunächst wird die besondere Rahmenstruktur des *Schimmelreiter* einer genauen Untersuchung unterzogen werden. Auch hier stellt sich berechtigterweise die Frage nach deren Funktion. Im Anschluss daran erfolgt ein knapper Überblick über die Ereignisse in der Binnenerzählung, die allein schon wegen ihres Umfangs den Kern der Novelle bildet. In der darauf folgenden eingehenden Interpretation der Binnenerzählung wird es vor allem um das Selbst- und Weltverständnis Hauke Haiens und um sein Verhältnis zu den Mitmenschen gehen. Zwei weitere gesonderte Interpretationsschwerpunkte werden das Übernatürliche und der Aberglaube, sowie die Naturdarstellung bilden.

Im Anschluss an die Interpretation wird eine gattungstheoretische Einordnung des *Schimmelreiter* in den Kontext der Novellentheorie vorgenommen und das Werk in den Poetischen Realismus eingeordnet. Ein Überblick über die Werksrezeption in den letzten 120 Jahren bildet den Abschluss der Arbeit. Eine Zusammenfassung der wichtigsten Erkenntnisse bildet den Schluss der Arbeit.

2 Storms Novellistik

Theodor Storm hat etwa sechzig Novellen[1] - vollendet, von denen sich auch heute immer noch ein beachtlicher Teil vor allem „in den Schulen und im akademischen Lehrbetrieb [...] behauptet“[2]. Darüber hinaus haben viele seiner Novellen im Fokus literaturwissenschaftlicher Betrachtungen gestanden. Über die Untersuchung einzelner Erzählungen hinaus wird auch immer wieder der Versuch unternommen, das novellistische Werk Storms systematisch zu betrachten, zum Beispiel anhand bestimmter Themen, Grundmotive oder Erzähltechniken. So hat etwa Ingrid Schuster den Ansatz verfolgt, Storms Novellen unter dem Aspekt der Zeitkritik zu betrachten[3], während Eckart Pastor das Erinnerungsmotiv in Storms Novellen in den Fokus seiner Untersuchungen gestellt[4] und Birgit Reimann ihre Studien auf die Naturdarstellung in seinem Gesamtwerk konzentriert hat[5].

Darüber hinaus bietet sich in Anlehnung an Fasold eine Einteilung des Werks in drei Phasen an. Demnach kann man zwischen den frühen Novellen, der Heiligenstädter Novellistik und dem Spätwerk unterscheiden. Im Spätwerk verdienen darüber hinaus die sogenannten Chroniknovellen besondere Beachtung. Die Vorstellungen dieser Werksphasen soll nun erfolgen.

2.1 Die frühe Novellistik (1848-1853)

Storm verfasst 1848 seine erste Novelle *Marthe und ihre Uhr*, bereits ein Jahr später wird neben *Im Saal* auch *Immensee*, das wohl bedeutendste Werk dieser Schaffensphase und insgesamt eines seiner bedeutendsten und am meisten rezipierten Werke veröffentlicht. Es schließen sich *Posthuma* (1851) und *Ein grünes Blatt* (1854) an. Unter dem Einfluss des Poetischen Realismus sieht sich Storm vor die Aufgabe gestellt, zwischen Objektivem und Subjektivem, zwischen Wirklichem und Schönem zu vermitteln; tendenziell überwiegt in dieser Frühphase das Subjektive gegenüber dem Objektiven, „nicht zuletzt auch deshalb, weil sich die Protagonisten ihrer eigenen Vergangenheit erinnern“[6]. Storm versucht dem unter anderem bei *Immensee* entgegen zu wirken, indem er das

1 Vgl.: Weinreich 1997, S. 9.
2 Freund 1999, S. 22.
3 Vgl.: Schuster 1971.
4 Vgl.: Pastor 1988.
5 Vgl.: Reimann 1995.
6 Reimann 1995, S. 79.

Geschehen nicht aus der Position eines Ich-Erzählers, sondern aus der eines Er-Erzählers schildert; trotzdem kommt es aufgrund des verkappten Ich-Erzählers zu einer Perspektivierung[7].

Neben dem Aspekt des Subjektiven bzw. der Perspektive kommt hier auch das Szenenhafte zum Tragen: Die Erzählungen weisen noch keinen geschlossenen epischen Fluss auf, sondern bestehen vielmehr aus Momentaufnahmen, einzelnen Szenen, die aneinandergereiht werden und so eine, teilweise minimale Handlung ergeben; in *Immensee* und später auch in *Im Schloß* und *Auf der Universität* werden diese einzelnen Szenen zusätzlich durch Überschriften hervorgehoben. Storm selbst erklärt in einem Brief an Eduard Alberti am 12. März 1882 noch Jahrzehnte später seine Affinität zur künstlerischen Gestaltung einer Situation damit, dass diese „einen besondren Keim zu poetischer Gestaltung"[8] darstelle. Insofern besteht in diesem Punkt auch eine Verbindung zu seiner Lyrik: Er selbst erläutert nämlich in einem Brief an Erich Schmidt vom 1. März 1882, dass seine „Novellistik aus [s]einer Lyrik erwachsen [sei]; daher zuerst, was man [...] etwas Sprunghaftes oder auch Guckkastenbilder nennen mochte [...]"[9]. In der frühen Schaffensphase stellt die Konzentration auf die Situation, wie man sie aus der Lyrik kennt, folglich für Storm überhaupt kein Problem dar, vielmehr begrüßt er in einem Brief an Mörike, dass dieser das Situationshafte seiner frühen Novellen würdigt und bezeichnet sie selbst als „Aquarelle"[10]; Franz Stuckert schlägt hierbei den Begriff der „Situationsnovelle"[11] vor.

Neben der Darstellung von Situationshaftem lassen sich aber noch weitere Gemeinsamkeiten zwischen Storms Lyrik und seiner frühen Novellistik feststellen, wie zum Beispiel die Stimmungsproduktion. Mit Stimmung ist in diesem Kontext die Spannung zwischen einer objektiven Wirklichkeit und deren subjektiver Vermittlung durch einen Erzähler mithilfe eines Wirklichkeitsausschnitts gemeint. Weitere Parallelen finden sich in Storms Bestreben, in einem subjektiven Erlebnis eine überzeitliche Wahrheit darzustellen, oder auch in den ganz offensichtlich lyrischen Anklängen, wie man sie etwa in *Immensee* zuhauf findet[12].

Neben all diesen Merkmalen finden sich in Storms Frühwerk auch wiederkehrende Themen und Motive. Wie bereits erwähnt, zeichnen sich

7 Fasold 1997, S. 88.

8 Goldammer 1984, Bd. 2, S. 246.

9 Goldammer 1984, Bd. 2, S. 240.

10 Goldammer 1984, Bd. 1, S. 198.

11 Zitiert nach Reimann 1995, S. 81.

12 Vgl.: Reimann 1995, S. 81.

die frühen Novellen Storms durch eine hohe Stimmungsdichte aus, was ganz wesentlich mir der Darstellung der Natur zusammenhängt. Reimann vertritt hierzu die Auffassung, dass sich „in den ausladenden Beschreibungen der Natur [...] die Stimmung des fühlenden und erlebenden Subjekts“[13] offenbart. Die Naturschilderungen dienen demzufolge vor allem der Stimmungsvermittlung, die Natur wird selbst zum Stimmungsträger. Oftmals wird die ohnehin schon sehr geringe Handlung durch eine Naturbeschreibung unterbrochen und kommt so ganz zum Stillstand. Eng damit verbunden ist, dass der Leser oft auf einen sog. *locus amoenus* trifft, zum Beispiel eine Waldlichtung - wie etwa in *Immensee* - oder einen Garten, wodurch eine Stimmungssituation noch verstärkt wird und so als Basis für die Vermittlung des seelischen Befindens der Figur dienen kann[14].

Darüber hinaus spielt das Motiv der Erinnerung eine wichtige Rolle, und zwar nicht nur hier, sondern in der gesamten Novellistik Storms. Ihren besonderen Stellenwert im Gesamtwerk hat die Forschung schon früh betont. Man ist zu dem Schluss gekommen, dass sowohl die Erinnerungstechnik einen „artifiziellen Charakter [hat,] als auch [ein] unauflösliche[r] Zusammenhang mit der Weltanschauung [...] des Autors“[15] besteht. Entgegen einer frühen Forschungsposition soll durch die Erinnerung aber nicht eine „schmerzlich-süße Stimmung“[16] erzeugt werden, sondern durch die Erinnerung vielmehr der Ohnmachtsempfindung des Menschen gegenüber seiner Vergänglichkeit entgegengetreten werden. Als eine wichtige Aufgabe der Novellistik empfindet Harald Neumeyer - in Anlehnung an einen Brief Storms an Erich Schmidt - demnach,

> dass der narrative Rückgang von der Gegenwart ins Vergangene motiviert wird und die dargestellte Vergangenheit sich dem gegenwärtigen Leser als eine in sich realistische Welt präsentiert.[17]

Während dieser Effekt im Frühwerk jedoch durch die Erinnerungsperspektive einer zentralen Figur erreicht wird, geschieht dies im Spätwerk verstärkt durch einen gestaffelten Überlieferungsprozess, der sich in Wort, Schrift oder durch ein Bild - wie aus *Immensee* bereits bekannt - vollziehen kann. Eine Studie zum Motiv der Erinnerung, die das novel-

13 Reimann 1995, S. 81.

14 Vgl.: Reimann 1995, S. 81f.

15 Fasold 1997, S. 93.

16 Fasold 1997, S. 94.

17 Neumeyer 2007, S. 104.

listische Früh- und Spätwerk Storms gleichermaßen berücksichtigt, findet sich bei Pastor[18].

Auch das Konfliktmuster taucht bereits in der Frühphase auf, und zwar gebildet durch „Ständeunterschiede, gesellschaftliche und ökonomische Differenzen“[19]; es deutet sich in *Immensee* bereits an durch den Gegensatz zwischen dem bildungsbürgerlichen Reinhard und dem Erwerbsbürger Erich und wird in den Folgejahren noch oft thematisiert werden. Im Gegensatz dazu kann Goldammer in dieser Frühphase noch keine offensichtliche Konfliktträchtigkeit in der Handlung erkennen, was daran liegen mag, dass er sich in seiner Betrachtung eher auf die problematische Nicht-Beziehung zwischen den beiden Hauptfiguren beschränkt[20].

Es bleibt zusammenfassend festzuhalten, dass sich Storms frühe Novellistik, ähnlich seiner Lyrik, durch eine Betonung des Subjektiven auszeichnet. Darüber hinaus zeichnen sich die Novellen dieser Zeit durch eine Konzentration auf den Moment aus und infolge dessen sieht sich der Leser mit einer episch motivierten Aneinanderreihung von Einzelsituationen konfrontiert; man spricht in diesem Zusammenhang daher oft von Situationsnovellen. Stimmung wird hier ganz wesentlich durch ausführliche Naturbeschreibungen erzeugt, in denen die Natur als Idylle, als *locus amoenus* vermittelt wird. Bereits in dieser frühen Schaffensperiode etabliert Storm seine „Sprache der Erinnerung“[21], die sich durch sein gesamtes Novellenwerk ziehen wird: Sie stellt eine Möglichkeit des Menschen dar, mit der eigenen Vergänglichkeit umzugehen. Weiterhin wird durch die Erinnerung deutlich, dass einerseits Distanzierung und Ordnung von Geschehenem möglich ist und dass andererseits die eigene Lebensgeschichte stets einer Aufarbeitung bedarf[22].

2.2 Die Heiligenstädter Novellistik (1856-1865)

In seiner Potsdamer Zeit zwischen 1853 und 1856 verfasst Storm lediglich *Im Sonnenschein, Angelica* und *Wenn die Äpfel reif sind,* in denen es jeweils um eine nicht erfüllte Liebe geht. An diese für seine Novellentätigkeit wenig ergiebigen Jahre schließen sich einige Jahre in Heiligenstadt an. Dort entstehen insgesamt neun Novellen, deren bekannteste und

18 Vgl.: Pastor 1988.
19 Neumeyer 2007, S. 107.
20 Vgl.: Goldammer 1980, S. 60.
21 Pastor 1988.
22 Vgl.: Neumeyer 2007, S. 113.

in der Forschung am meisten gewürdigte wohl *Auf dem Staatshof* (1859), *Im Schloß* (1862) und *Auf der Universität* sind (1863); darüber hinaus entstehen in der Heiligenstädter Zeit *Späte Rosen* (1860), *Drüben am Markt* (1861), *Veronica* (1861), *Unter dem Tannenbaum* (1862), *Abseits* (1863) *und Von Jenseits des Meeres* (1865); sie alle werden heute dem Frühwerk zugerechnet. Oft geht es in den Heiligenstädter Novellen um die Liebe eines Paares aus unterschiedlichen Ständen, das dadurch in Konflikt mit der soziokulturellen Ordnung gerät. Dies ist, Fasold folgend, wohl auch einer der Hauptgründe dafür, dass Storm nicht selten als Sozial- und Gesellschaftskritiker interpretiert worden ist[23]. Die Frage danach, inwieweit eine solche Deutung zulässig ist, wird im Rahmen des Spätwerks noch genauer betrachtet werden.

Was man allerdings bereits zu diesem Zeitpunkt festhalten kann, ist der Umstand, dass Storm ab *Auf dem Staatshof* verstärkt versucht, „mehr gesellschaftliche Wirklichkeit in seine Novellen einzubeziehen“[24]. Hinzu kommt laut Reimann eine deutlichere soziale Fundierung der geschilderten Konflikte, die in Standesunterschieden begründet ist und für die Liebe des betreffenden Paares dadurch umso schwerer wiegt. Ebenso ist eine gesteigerte Objektivität erkennbar, welche Storm durch einen Verzicht auf eine allzu ausladende Darstellung der Innenwelt seiner Figuren gelingt. In dieser Phase entwickelt sich Storms Novellistik von der Situationsnovelle hin zu einer stärker episch motivierten Form, die sich beispielhaft in *Auf dem Staatshof* in der „Kohärenz des Textes“[25] niederschlägt. Die dort geschilderten einzelnen Situationen sind zwar durchaus noch als solche konzipiert, unterliegen aber allesamt einem auf Episierung bedachten Prinzip. Es kommt auch in anderen Novellen dieser Periode mitunter noch zur Schilderung einzelner Szenen beziehungsweise Situationen, diese werden allerdings durch eine oder mehrere Erzählerfiguren als Ganzes zusammengehalten, beispielsweise in *Im Schloß*. Die Erzählerinstanzen schließlich sind es auch, die durch ihre Erinnerungskraft die Erzählung auf ein realistisches Fundament stellen. Gerade durch die Vermittlungsfunktion der Erzählinstanzen verfolgt Storm noch einen weiteren Zweck: Dadurch gelingt ihm nämlich die „Lösung des Kardinalsproblems des Poetischen Realismus“[26]: Er vermittelt durch die Erzählinstanz zwischen dem Anspruch, im Speziellen das Allgemeine abzubilden, einerseits und dem Anspruch des Realitätsbezuges andererseits.

23 Vgl.: Schuster 1971; Vinçon 1973.

24 Reimann 1995, S. 83.

25 Fasold 1997, S. 104.

26 Zitiert nach: Reimann 1995, S. 83.

Gerade auf die Naturdarstellung haben die Entwicklungen dieser Phase einen deutlichen Einfluss: Zwar dient Natur immer noch dazu, innerseelische Prozesse symbolisch zu vermitteln, aber die Natur – und ganz speziell das Meer – verliert

> zunehmend ihre idyllischen Züge und [wird] nun vermehrt als gefährlicher und bedrohlicher Bereich wahrgenommen; neben die – auch weiterhin thematisierte – sommerlich warme Landschaft tritt nun auch häufiger die dunkle und kalte Natur.[27]

Die Naturdarstellung entwickelt sich mit dieser Phase zusehends weg von einer träumerisch-idyllischen Szenerie hin zu einer bedrohlichen, in der gerade das der Natur innewohnende Abgründige und Gefährliche besonders zum Tragen kommt. Das Motiv Natur wird nun zunehmend auch symbolisch aufgeladen und wiederholt in Schlüsselszenen mit eingebracht.

Zusammenfassend lässt sich sagen, dass sich die Heiligenstädter Novellen oftmals um Paare drehen, die durch ihre Liebe in Konflikt mit der bestehenden sozialen Ordnung geraten. Die Forschung neigt dazu, die Konfliktträchtigkeit der Umstände in den Vordergrund zu rücken, betont darüber hinaus aber auch die Entwicklung von der Situationsnovelle hin zu einer deutlich epischeren Form. Das Motiv der Erinnerung führt Storm auch in dieser Phase konsequent fort und gebraucht es dazu, die Erzählung realistisch zu fundieren. Die Veränderungen in der äußeren Form der Novelle schlagen sich auch inhaltlich nieder: Natur wird nicht mehr ausschließlich idyllisch verstanden, sondern auch verstärkt als bedrohlich und abgründig wahrgenommen. Neben den träumerischen *locus amoenus* rückt zusehends symbolisch aufgeladen und leitmotivisch wiederkehrend die dunkle Seite der Natur, vor allem das bedrohliche Meer.

2.3 Das novellistische Spätwerk (1867-1888)

Fasold zufolge umfasst das Spätwerk die Jahre von 1867 bis 1888 – die Zeit ab Storms Rückkehr nach Husum und seinem Lebensabend in Hademarschen. Der Wendepunkt in Storms Novellenschaffen – Karl Ernst Laage spricht gar von einem „Durchbruch“[28], Georg Bollenbeck von einer überwundenen „Schaffenskrise“[29] – wird aber in der Forschung

27 Reimann 1995, S. 84.
28 Laage 1980, S. 58.
29 Bollenbeck 1988, S. 303.

einhellig mit *Draußen im Heidedorf* (1872) angegeben[30]. Dies mag einerseits an einer Äußerung Storms selbst liegen, der in einem Brief an Emil Kuh am 22. Dezember 1872 eine Stellungnahme Heyses zu *Draußen im Heidedorf* zitiert: „Da ist ein neuer Ton [...], ›ein ganz neuer Storm‹ darin"[31].

Betont wird an dieser Novelle immer wieder der akzentuierte soziale Konflikt, der gestraffte Aufbau und die verschiedenen Erzählperspektiven, welche die Subjektivität der Frühphase zurückdrängen und die Objektivität steigern. Bollenbeck mahnt angesichts dieser ‚Neuerungen' dazu,

> die Kontinuitäten seiner [Storms; L.M.] Erzählweise nicht [zu] übersehen. Denn in dieser Novelle [*Draußen im Heidedorf*; L.M.] entfaltet er virtuos sein perspektivisches Erzählen, charakterisiert er sein Personal nicht offen psychologisch, sondern mit den Mitteln der symptomatischen Darstellung. Das alles ist uns ja aus der Heiligenstädter Zeit bereits bekannt.[32]

Als tatsächliche Neuerung empfindet Bollenbeck neben dem zugespitzten Konflikt das tragische Moment, das hier zum Tragen kommt, und die Aufgabe harmonisierender Tendenzen, die ohnehin mehr verklären denn erklären würden. Das Grundgerüst für diese Novelle verdankt Storm übrigens seiner Tätigkeit als Richter. Die Begebenheit hatte er bereits sechs Jahre zuvor Dorothea Jensen mitgeteilt; sie ist im wahrsten Sinne des Wortes realistisch, aus dem Leben gegriffen.

Unabhängig von ihrem fraglos literarischen Wert hat die Novelle *Draußen im Heidedorf* eine besondere Bedeutung für die Bewertung von Storms novellistischem Schaffen. Durch die Betonung ihrer Stellung erfolgt nämlich nicht nur eine augenscheinliche Einteilung in Früh- und Spätwerk, sondern oft geht damit auch eine Qualifizierung des Novellenkorpus einher. Bei genauer Lektüre der Sekundärliteratur drängt sich zumindest allzu oft der Verdacht auf, dass tendenziell Storms Frühwerk gegenüber dem Spätwerk abgewertet wird. Fasold vertritt diese These auch und hat daher einige Indizien zu ihrer Untermauerung zusammengetragen:

> Unisono spricht man über die Jahrzehnte hin von einer „erstaunlichen Ungleichheit des künstlerischen Niveaus" [...], von „einer Reihe von Fehlleistungen" [...], von einer „labile[n] Schreibweise" [...].[33]

30 Vgl.: Goldammer 1980, S. 155f; Hildebrandt 1990, S. 11; Reimann 1995, S. 150.
31 Goldammer 1984, Bd. 2, S. 53.
32 Bollenbeck 1988, S. 303.
33 Fasold 1997, S. 118.

Die mit diesem kurzen Auszug adressierten Autoren gehen bei ihren Interpretationen ganz wesentlich von einigen Äußerungen Storms selbst aus, der in den 1880er Jahren vermehrt darauf hinweist, dass er den Konflikt und die Konfliktbildung als wesentliche Kriterien für sein Spätwerk betrachtet. Davon ausgehend bewerten unter anderem Martini und Rentzsch Storms Werk verstärkt aufgrund der Darstellung eines Konflikts und seiner Lösung[34]. Diese Vorgehensweise mag zunächst einmal legitim erscheinen, wenn man sich dabei auf Storms späte Schaffensphase beschränkt, da er die Konfliktthematik erst in dieser expressis verbis geltend macht; problematisch wird sie jedoch, wenn man eben jene Thematik für Storms gesamte Prosa angibt, die gerade in den frühen Jahren eine größere Nähe zur Lyrik als zum Drama aufweist.

Weitere Werke aus dieser Zeit sind neben den Chroniknovellen - die später noch einer Betrachtung unterzogen werden sollen - *Eine Malerarbeit* (1867), *Viola Tricolor, Beim Vetter Christian, Pole Poppenspäler, Waldwinkel* (alle 1874), *Ein stiller Musikant, Im Nachbarhaus links* (beide 1875), *Carsten Curator* (1878), *Zur Wald- und Wasserfreude, Im Brauerhause* (1879), *Die Söhne des Senators* (1880), *Der Herr Etatsrat* (1881), *Hans und Heinz Kirch* (1882), *Schweigen* (1883), *Es waren zwei Königskinder* (1884), *John Riew* (1885), *Bötjer Basch, Ein Doppelgänger* (beide 1886), *Ein Bekenntnis* (1887) und *Der Schimmelreiter* (1888). Die *Sylter Novelle* (1887) und *Die Armesünderglocke* (1888) hingegen bleiben nur Fragmente.

Unter anderem wegen des vielfach betonten sozialen Konflikts in *Draußen im Heidedorf* - und wegen der konfliktträchtigen Standesunterschiede seit der Heiligenstädter Zeit - werden Storms Novellen immer wieder auf ihre sozial- und gesellschaftskritische Dimension hin untersucht; daneben, und auch eng damit zusammenhängend, wird vor allem das in ihnen auftauchende Konfliktmotiv betrachtet. Als Beispiel dafür sei hier nochmals auf Schuster und Vinçon verwiesen: Die eine arbeitet nämlich die Zeitkritik Stormscher Novellen anhand verschiedener Aspekte wie *Kirche und Sitte* oder *Kritik der wirtschaftlichen Entwicklung* heraus. Der andere hingegen kritisiert in seiner Untersuchung zu Storm die abgeschwächte Sozialkritik in einigen Novellen[35] und bedient sich immer wieder marxistischer Begrifflichkeiten. Schuster und Vinçon gehen ohne jede Not davon aus, dass Storm sozialkritische Bestrebungen hatte. Es ist jedoch unzulässig, ihn als Gesellschaftskritiker zu sehen, der gegen die ständische Ordnung revoltierte; ganz im Gegenteil ging es ihm „in den sozialen Spannungen seiner Zeit vor allem um ein vom einzelnen nach

---

34 Vgl.: Fasold 1997, S. 118.

35 Vgl.: Vinçon 1973, S. 59.

allen Seiten hin zu behauptendes bürgerliches Selbstbewußtsein"[36]. Wenn er überhaupt Kritik an der bestehenden Ordnung übt, dann nur am etablierten Adel und am Klerus[37] - Konkurrenten um den bürgerlichen Status quo also. Aus seiner Novellistik spricht somit gar nicht das Bestreben zur Auflösung der Standesunterschiede, sondern das Bemühen um eine klare Abgrenzung seines Standes, des Bürgertums. Unterstützung für diese These findet sich in einem Aufsatz Zhiyou Wangs über Storms Chroniknovellen, in welchem dieser auf Storms „Lebensideale einer patriarchalischen Bürgerwelt"[38] hinweist, die zu Storms Zeit in seiner Heimat nicht realisierbar waren. Auch Goldammer zeigt dies für das Gesamtwerk auf, und zwar exemplarisch für die Novelle *Ein Doppelgänger*, in der ein Landarbeiter an sich und an den Vorurteilen seiner Mitmenschen zugrunde geht:

> [...] Johannes Wedde hat [...] die *Doppelgänger*-Novelle als einen „schneidenden Protest" gegen die sozialen Zustände empfunden. Mit Unrecht; denn Storm steht auch hier unverändert auf dem Standpunkt einer bürgerlich-patriarchalischen Ordnung. Nicht unter gesellschaftlichen, sondern allein unter ethischen Aspekten betrachtet er das Problem.[39]

Der Hauptgrund dafür, warum Storm gesellschaftliche Missstände aufgreift, ist wohl darin zu suchen, dass sie für ihn eine moralische Relevanz haben; und diese Missstände kann er zunächst einmal unabhängig von Standesunterschieden kritisieren.

Ein weiteres wichtiges Forschungsfeld stellt die theoretische Grundlegung zu Storms Novellenkonzeption dar. Als Ausgangspunkt für dahingehende Untersuchungen wird immer wieder auf eine zurückgezogene Vorrede Storms zu seinem novellistischen Werk Bezug genommen[40]:

> [D]ie heutige Novelle ist die **Schwester des Dramas** und die strengste Form der Prosadichtung. Gleich dem Drama behandelt sie die **tiefsten Probleme des Menschenlebens**; gleich diesem verlangt sie zu ihrer Vollendung **einen im Mittelpunkt stehenden Konflikt**, von welchem aus das Ganze sich organisiert, und demzufolge die geschlossenste Form und die Ausscheidung alles Unwesentlichen; [...]. [Hervorhebungen durch L.M.][41]

Als Konsequenz für die Forschung bedeutet dies zunächst einmal, dass verstärkt die späten Novellen Storms bezüglich eines dramenähnlichen Aufbaus und ihrer Konfliktträchtigkeit untersucht werden. So kommt

---

36 Fasold 1997, S. 102.

37 Vgl.: Goldammer 1980, S. 167.

38 Wang 1989, S. 115.

39 Goldammer 1980, S. 173.

40 Vgl. u.a.: Hildebrandt 1990, S. 12; Reimann 1995, S. 150f.

41 Zitiert nach: Karthaus 1990, S. 30.

etwa Reimann - in Betonung des Konflikts - zu dem Ergebnis, dass man Storms späte Novellen unter anderem nach *Generations-* und *Ehekonflikten* und nach anderen Kriterien unterscheiden kann; frühere Novellen bezieht sie in diese Art der Betrachtung jedoch nicht ein. Einmal abgesehen davon, dass der Konflikt ein zentrales Thema in Storms gesamter Novellistik darstellt, wenn auch in unterschiedlichen Ausformungen[42], empfindet Fasold diese Tendenz in der Forschung als unzureichend, da dadurch „das gegenüber dem Frühwerk konstant Bleibende, die seine [Storms; L.M.] Poetik prägende Erinnerungsstruktur z.B., die immer wieder erzählerisch umkreisten Motive“[43], kaum berücksichtigt wird. Beispielsweise finden sich durchaus komplexe Konflikte, die in aller Regel für das Spätwerk reklamiert werden, bereits einige Jahre früher, etwa in *Auf der Universität* und *Im Schloß*; selbiges gilt für die Behandlung elementarer Probleme menschlichen Seins - diese könne man durchaus auch in *Immensee* finden - oder die dramenähnliche Komposition einiger Novellen. Diese in der Forschung populären Kriterien können also nicht die entscheidenden Merkmale des Spätwerks darstellen, wie Fasold betont und fortführt:

> Die wirklichen Modifikationen der späten gegenüber den frühen Storm-Novellen zeichnen sich vor allem auf der inhaltlichen Ebene ab, da wo Storm Schuld und Schuldverstrickung thematisiert, was in manchen, nicht in allen Texten durchaus formale Konsequenzen nach sich zieht, nämlich Novellenschlüsse mit tragödienhafter Dimension wie in *Aquis Submersus* und *Hans und Heinz Kirch* bzw. mit Weltuntergangscharakter und dramatischer Wucht wie in *Carsten Curator*, *Zur Chronik von Grieshuus* und *Der Schimmelreiter*.[44]

Als markantes Differenzierungskriterium auf inhaltlicher Ebene wurde die Betonung des Konflikts in Storms Novellen ja bereits als unzureichend ausgeschlossen, denn vielmehr ist es doch ein Charakteristikum vieler Novellen Storms; auch das oftmals bemühte formale Kriterium eines am Drama orientierten Aufbaus greift wohl zu kurz. Das entscheidende Merkmal der späten Novellen findet sich offenbar in der Thematisierung von Schuld und Schuldverstrickung; erst dieses inhaltliche Merkmal bedingt eine Anpassung in formaler Hinsicht oder eine Wirkung in der Konzeption der Novellen, die dann dramenähnliche Züge aufweisen. Bezugnehmend auf einen Brief Storms bemerkt Roger Paulin hierzu ergänzend, dass „die ‚großen' Themen durchaus nicht ausschließ-

---

42 Vgl.: Neumeyer 2007, S. 107f.

43 Fasold 1997, S. 121.

44 Fasold 1997, S. 122.

lich einer dramatischen Behandlung vorbehalten sind"[45], sondern auch in Form der Novelle aufgegriffen werden können.

Wurde das Thema der Schuld zwar auch schon in früheren Novellen auf der Ebene des Gesamttextes aufgegriffen, so ist es in den späten gerade in den einzelnen Figuren fest mit angelegt:

> Seine Novellen erfassen spätestens ab Mitte der 70er Jahre ganze Familienverbände und Genrationsreihen [sic!], an deren Ende nicht selten ›verlorene‹ Söhne und Töchter stehen, mithin der Untergang eines ganzen Hauses.[46]

Reimann bemerkt noch früher bezüglich der Schuldproblematik, dass es unmöglich ist, „dem einzelnen eine Schuld zuzuweisen; vielmehr stellt Storm die Welt selbst als verschuldet dar"[47]; das Individuum sei in all seinem Tun und Scheitern völlig machtlos Prozessen unterworfen, denen es sich nicht entziehen könne. Storm selbst bemerkt hierzu in einem Brief an Eduard Alberti am 12. März 1882:

> Zum *Tragischen* wird meist eine *Schuld* des (sog.) Helden gefodert [sic!]. Diese Fassung ist aber viel zu eng und etwas philiströs. Der vergebliche Kampf des Einzelnen gegen das, was durch die Schuld oder auch nur die Begrenzung, die Unzulänglichkeit des Ganzen (der Menschheit), von dem er ein nicht ablösbarer Teil ist, und also auch durch den Kampf gegen die Unzulänglichkeit des eignen Wesens [...] ihm entgegensteht, ist gewiß nicht weniger tragisch und, wie ich meine, das vorzugs[weise] Tragische der epischen Dichtung, der Novelle.[48]

Diese Verknüpfung von Tragik und Schuld hat Storm bereits 1881 in einem Brief an Heinrich Schleiden - beinahe im Wortlaut - schon einmal geleistet. Storm tritt damit also der seiner Meinung nach gängigen Meinung entgegen, nach der die Schuld einzig dem Helden zuzuschreiben sei und reklamiert die Schuld auch für die an sich schon schlechte Welt. Martini wiederum deutet diesen Umstand als das „Verhängnishafte, in das der Mensch gezwungen ist"[49]: Egal, wie der Mensch sich verhält, er kann sich der Schuld nicht entziehen, da die Gesellschaft ihn in diese geradezu hineinzwingt.

In einem direkten Zusammenhang mit der im Spätwerk verstärkten Thematisierung der Schuldfrage steht nach Meinung sowohl von Reimann als auch von Martini die drastisch veränderte Schilderung der Natur: „Die Natur entfremdet sich in das Unheimliche, Düstere und

---

45 Paulin 1992, S. 110.

46 Fasold 1997, S. 123.

47 Reimann 1995, S. 151.

48 Goldammer 1984, Bd. 2, S. 244.

49 Martini 1964, S. 652.

Wild-Elementare“[50] und „dunkle und dämonisch wirkende Naturräume“[51] rücken in den Vordergrund. In dieser Hinsicht kann also von einer eindeutigen Veränderung in der Stormschen Novellistik gesprochen werden: Die idyllischen Naturschilderungen der Anfangsjahre werden im Laufe der Jahrzehnte immer mehr durch beklemmend-bedrohliche Naturszenerien verdrängt, wodurch die Ausweglosigkeit und das Ausgeliefertsein des Einzelnen an die ihn umgebende Welt in den Vordergrund gerückt werden. Reimann weist aber auch darauf hin, dass Storm die Affinität für die idyllische Seite der Natur selbst in dieser Phase nie ganz aufgegeben hat.

Zusammenfassend: Das Spätwerk Storms beginnt nach allgemeiner Forschungsmeinung mit der Novelle *Draußen im Heidedorf*, in welcher immer wieder besonders der akzentuierte soziale Konflikt hervorgehoben wird. Davon ausgehend wird oftmals der Versuch unternommen, gerade im Spätwerk den mutmaßlichen Sozialkritiker Theodor Storm nachzuweisen, wobei man ihn jedoch eher als betont bürgerlichen (Un-) Moralkritiker Storm bezeichnen sollte. Die zeitkritischen Aspekte, welche die späten Novellen in moralischer Hinsicht zweifelsohne aufweisen, führen oftmals dazu, dass der literarische Wert des Frühwerks im Gegensatz zum Spätwerk radikal gemindert wird. Konstanten zwischen diesen beiden großen Schaffensphasen werden so jedoch schlichtweg übergangen: Diese bestehen vorrangig im Konflikt- und im Erinnerungsmotiv. Erinnerung zeigt sich im Spätwerk und vor allem in den Chroniknovellen allerdings weniger in Form subjektiver Erinnerungen, sondern in Rahmenerzählungen, die das Erzählen vergangener Erlebnisse motivieren. In Anlehnung an einen Ausspruch Storms wird weiterhin vor allem für die späten Novellen oftmals die Nähe zum Drama betont, die sich jedoch weniger in formaler als in inhaltlicher Hinsicht niederschlägt und ohnehin nicht das Hauptmerkmal des Spätwerks darstellt. Vielmehr wird das Dramatische inhaltlich in einer Zuspitzung der Geschehnisse und in der grundsätzlichen Verfallenheit des Menschen in Schuld sichtbar; die Thematisierung von Schuld kann auch als das Hauptmerkmal dieser Schaffensperiode gesehen werden. Die darüber hinaus ebenso als schuldhaft charakterisierte Welt wird unter anderem greifbar in einer fremden und bedrohlichen Natur, der sich der Einzelne gegenübergestellt sieht.

50 Ebd.

51 Reimann 1995, S. 152.

2.4 Die Chroniknovellen

Zum Spätwerk zählen auch die Novellen *Aquis Submersus* (1876), *Renate* (1878), *Eekenhof* (1879), *Zur Chronik von Grieshuus* (1884) und *Ein Fest auf Haderslevhus* (1885), die in der Forschung als historische Novellen beziehungsweise Chroniknovellen bezeichnet werden. Diese stellen dem Tenor der Forschung folgend „im Grunde eine Spielart [der] Erinnerungsnovelle“[52] dar. In ihnen ergreift prinzipiell zunächst ein erster Erzähler, der sich auf ein zurückliegendes Ereignis bezieht, das Wort. In *Aquis Submersus* beispielsweise ist dies durch die Betrachtung von Gemälden in einer Kirche motiviert, woraufhin der Erzähler ein vorgefundenes Manuskript liest. In diesem historischen Rahmen bürgt dann wiederum ein zweiter oder sogar dritter Erzähler für die Geschehnisse; im Erzählvorgang werden dadurch Raum und Zeit, meist in eine zurückliegende Epoche hinein, überbrückt. Einschränkend bemerkt Goldammer hierzu:

> Dennoch sind Storms Chroniknovellen nicht eigentlich historische Erzählungen im strengen Sinne dieses Gattungsbegriffs. Er selbst hat jenes literarische Genre als *Zwittergattung von Poesie und Geschichte* empfunden. Für Storm bildet die Historie nur die Staffage und den Hintergrund, vor dem sich das vom Dichter erfundene Geschehen abspielt[53].

Es ist nicht als Storms primäres Anliegen zu verstehen, dass die Historie um ihrer selbst Willen literarisch vermittelt wird. Es geht ihm wohl vielmehr darum, in einem historischen Kontext „seine politischen und weltanschaulichen Überzeugungen an Hand typischer Begebenheiten und Schicksale deutlich werden [zu] lassen“[54]. Wang verweist hierzu auf die Figuren- und Konfliktkonstellationen in *Aquis Submersus*, in denen „eine typische literarische Widerspiegelung von sozialen Gegensätzen aus der eigenen Zeitepoche des Dichters“[55] und zwar „in literarisch getarnter künstlerischer Form“[56] geleistet werde. Der Versuch hingegen, diese für ihn so wichtigen Aspekte - vor allem seine Feudalismuskritik - in ein gegenwärtiges Geschehen zu verlagern, hätte wohl scheitern müssen, denn die Gegenwart war für Storm zweifelsohne schwerer zu überschauen als das Vergangene. Nur die Wendung zur Vergangenheit stellte für Storm ein wirksames „Entlarvungs- und Anklagemittel“[57] gegen die Probleme der von ihm erlebten Gegenwart dar; von daher stellen die

52 Fasold 1997, S. 141.
53 Goldammer 1980, S. 166.
54 Goldammer 1980, S. 167.
55 Wang 1989, S. 116.
56 Wang 1989, S. 118.
57 Wang 1989, S. 118.

Chroniknovellen also weder eine wehmütige Rückwendung in die Vergangenheit noch deren glorifizierende Verklärung dar.

An den Chroniknovellen kann darüber hinaus auch das besondere Geschichtsverständnis Storms abgelesen werden. Bezugnehmend auf Herbert Kaiser kommt Fasold zu einer Kernaussage, die für das Stormsche Geschichtsverständnis im Speziellen, wie auch für dasjenige des poetischen Realismus im Allgemeinen so charakteristisch ist: Demnach gibt es kein souveränes historisches Wissen, das überzeitlich vermittelt werden kann, geschweige denn, tatsächlich besteht. In der Endlichkeit des Menschen erschöpft sich somit auch seine Verfügungsgewalt darüber, Geschichte zu ‚machen'. Geschichte ist demnach die Geschichte derer, die sie vermitteln, d.h., Geschichtsschreibung geschieht stets vor dem Hintergrund eines bestimmten Stand- und Blickpunktes[58].

Von diesem Punkt aus gelangt man auch direkt zum Erinnerungsmotiv. Dieses zeigt sich nun verstärkt in einem Erzählprozess, der auf einer Rahmenhandlung und mindestens einer ihr untergeordneten Binnenerzählung beruht, wobei das Rahmengeschehen das Aufgreifen der Binnengeschichte motiviert, wie etwa in *Aquis Submersus*. Durch die Verwendung von Manuskripten wird zum einen eine gesteigerte Objektivität gewährleistet, zum anderen erfolgt durch sie eine Rückwendung in vergangene Jahrhunderte; damit einher geht ein an die Epoche angepasster Sprachstil, der wiederum zur Objektivierung des Geschehens beiträgt. Zu guter letzt wird durch Verwendung eines Manuskripts das Geschehen verbürgt.

Die Chroniknovellen stellen eine besondere Ausformung des von Storm so oft verwendeten Erinnerungsmotivs dar. In ihnen erfolgt mittels einer Rahmenstruktur eine Rückwendung in die Vergangenheit, die sogar einige Jahrhunderte umfassen kann; damit einher geht eine Anpassung an die Sprache der erzählten Zeit. Die Rückwendung selbst erfolgt in der Form, dass ein erster Erzähler ein Manuskript liest oder eine Geschichte erzählt, in der wiederum ein weiterer Erzähler zu Wort kommt. Storm wollte in den Chroniknovellen jedoch nicht die Vergangenheit für sich sprechen lassen, sondern vor ihrem Hintergrund aktuelle oder überzeitliche Themen und Probleme aufgreifen.

58 Vgl.: Fasold 1997, S. 141f.

2.5 Zusammenfassung zu Storms Novellistik

Was sind die Konstanten, die Storms Novellistik auszeichnen? Zum einen ist es das Prinzip der Rahmung: Storm hat über fünfzig Novellen verfasst, weniger als zehn von ihnen weisen keinen Rahmen auf[59]. In engem Zusammenhang damit steht das Motiv der Erinnerung, welches gleichfalls viele seiner Novellen kennzeichnet. Allerdings erscheint Erinnerung im Frühwerk eher als ein sich im Individuum vollziehender Prozess des Rückbesinnens, während sie im Spätwerk verstärkt an der Rahmung als Rückwendung in die Vergangenheit, und im Fall der Chroniknovellen durch ein Manuskript beglaubigt, erkennbar ist.

Die Motive von Konflikt und Schuld ziehen sich, unterschiedlich stark akzentuiert, durch das gesamte Werk Storms. Im Frühwerk bestehen die Konflikte vor allem in Standesunterschieden, im Spätwerk in innerfamiliären Konflikten zwischen den Generationen. Spielt sich der Konflikt etwa in *Auf dem Staatshof* noch zwischen dem untergehenden Patriziat und dem aufstrebenden Erwerbsbürgertum ab, so wird in *Der Herr Etatsrat* die Familie selbst zum Zentrum eines Konflikts. Eng damit zusammen hängt die Frage nach der Schuld des Menschen: Storm beantwortet sie so, dass nie das Individuum alleine schuldig ist, sondern vielmehr durch die an sich schon schuldige Welt in die Schuld hineingezwungen wird. Diese Position wird besonders in den späteren Novellen deutlich.

Weiterhin stellt die Natur einen wichtigen Aspekt in Storms gesamtem Novellenschaffen dar: Während sie im Frühwerk ausschließlich als Idylle geschildert wird und vor allem der Entschleunigung und der Stimmungsvermittlung dient, drängt im Laufe der Jahre und Jahrzehnte immer stärker ihre abgründige Seite nach außen, nämlich die der Gewalt und des Chaos. So kommt vor allem im Spätwerk immer öfter und immer intensiver die dunkle, den Menschen bedrohende Seite der Natur zum Tragen; vor allem das Meer wird als Raum etabliert, in dem die zerstörerischen Kräfte der Natur sinnlos gegenüber dem Menschen walten. Die Offenheit des Naturraumes Meer steht dabei sinnbildlich dafür, dass der Mensch eigentlich keine Verfügung über die Natur hat.

Darüber hinaus kann man festhalten, dass der Grundton in Storms Novellen eher ein pessimistischer ist, was allerdings ein versöhnliches Ende nicht ausschließt. So kommt es denn auch, dass sich das auf den ersten Blick idyllisch anmutende *Immensee* der Frühphase ebenso durch einen gewissen Pessimismus auszeichnet wie der tragisch wirkende *Doppelgänger* des Spätwerks, der durch den äußeren Rahmen unerwartet versöhnlich aufgelöst wird.

---

59 Vgl.: Karoussa 1983, S. 233.

Ebenso ist festgestellt worden, dass der Bildungsbürger Storm kein Gesellschaftskritiker im gängigen Sinne war, der nach einer Auflösung der bestehenden Ständeordnung trachtete; vielmehr ging es ihm um die Behauptung des *status quo* des Bürgertums und um eine Abgrenzung vom untergehenden Patriziat. Das, was in Storms Novellen vielfach als Gesellschaftskritik gedeutet wird, ist vielmehr als eine Kritik an Unmoral identifiziert worden, die unabhängig von einer ständischen Ordnung zum Tragen kommt.

Der eindeutigste Unterschied zwischen Storms frühen und den späten Novellen besteht sicherlich in der äußeren Form: Hat man es bei *Immensee* noch mit einer Aneinanderreihung von Einzelszenen, die an Lyrik erinnern, zu tun, zeichnet sich mit *Auf dem Staatshof* eine Episierung ab, die sich im Laufe der Jahre immer mehr verfestigt. Eine Nähe der späten Novellen zum Drama kann nicht so eindeutig reklamiert werden wie oft angenommen. Denn dramenähnliche Kompositionen und zugespitzte Konflikte als ein Merkmal des Dramas sind ohne Zweifel auch schon früher auszumachen. Festzuhalten ist in jedem Fall eine zunehmende Episierung der Novellen im Lauf der Jahrzehnte.

Der Schimmelreiter (1888), Storms letzte vollendete Novelle, nimmt in seinem Werk einen besonderen Platz ein, und das nicht nur wegen ihres fast schon romanhaften Umfangs. In ihrem epischen Fluss steht die Novelle jedenfalls beispielhaft für die Entwicklung Storms vom Situationsnovellisten hin zum reinen Epiker, was sich schon relativ früh mit *Auf dem Staatshof* angekündigt hatte. Das von ihm bekannte Erinnerungsmotiv und die Technik der Rahmung führt er hier in besonderer Weise fort. Inhaltlich setzt er sich unter anderem mit dem Thema Schuld auseinander und beleuchtet Konflikte im zwischenmenschlichen Bereich. Zudem wirft die Novelle unter einem gesellschaftskritischen Blickpunkt die Frage danach auf, wie sich ein geniales Individuum und die Gesellschaft zueinander verhalten sollten. Auch die Natur spielt, typisch für Storm, eine gewichtige Rolle in der Novelle.

Eine detaillierte Auseinandersetzung mit den hier nur kurz angedeuteten Aspekten wird im Rahmen der Interpretation erfolgen. Zunächst soll die Quellenlage zum *Schimmelreiter* gesichtet werden.

3 Die Quellenlage: Geographische, historische und literarische Bezüge in *Der Schimmelreiter*

In Storms Novellenschaffen nimmt *Der Schimmelreiter* schon alleine insofern eine besondere Stellung ein, als sich seine Entstehung inklusive aller Vorstudien und Unterbrechungen über etwa drei Jahre hingezogen hat. Deshalb verwundert es auch nicht weiter, dass viele und verschiedene Arten von Quellen Eingang in die Novelle gefunden haben. Diese umfassen neben geographischen Bezügen auch historische Chroniken und Biographisches zu historischen Persönlichkeiten sowie literarische Motive und Sagenstoffe. Die Vorstellung dieser Quellen soll im Folgenden im Zentrum der Betrachtungen stehen, da speziell durch die geographischen und historischen Querverweise ein direkter Bezug zur Realität hergestellt wird. Dies spielt im Übrigen auch noch eine Rolle im Zusammenhang mit der Naturdarstellung in Kapitel 4.5 und der Epocheneinordnung in Kapitel 6.

3.1 Geographische Bezüge

Storms Vorarbeiten zum Schimmelreiter lassen sich bereits Anfang des Jahres 1885 festmachen. Im Februar des selbigen wandte er sich nämlich mit folgender Bitte an die Ehefrau des damaligen Landesbaurates von Schleswig-Holstein:

> Zu einer neuen Arbeit, die sich in meinem Kopf festsetzen will, möchte ich gern eine kleine, nur ganz flüchtige Skizze der Landtheile von Nordstrand, Husum, Simonsberg haben, wie es eben vor der großen Fluth von ann. 1634 war. Da ich meine, daß Eckermann mir neulich solch ein altes Kärtchen zeigte, erlaubt er vielleicht, daß Gertrud, die ich freundlich darum bitte, es mir abzeichnet; die Deiche, wenn solche angegeben sind, möglichst deutlich, sowie die Ortsnamen.[60]

Dieser kurze Auszug zeigt, dass Storm für den *Schimmelreiter* lange Vorstudien betrieben und sich dabei um eine reale geographische Verortung bemüht hat, wenn auch im Werk selbst keine Ortsnamen genannt werden. Freund weist in diesem Zusammenhang zurecht darauf hin, dass „sich in einer solch nachträglichen Rekonstruktion des geographischen Handlungsrahmens [...] das Eingebettetsein des Handelnden in einen konkret identifizierbaren Raum“[61] manifestiere und eben nicht der Lokalkolorit, der Storms Novellen oftmals negativ angelastet worden ist. Holander und Laage sind, nicht zuletzt wegen der intensiven Vorarbei-

60 Zitiert nach: Wagener 2001, S. 44.

61 Freund 1984, S. 16.

ten lokaler Forscher zu dem Ergebnis gekommen, dass *Der Schimmelreiter* in der Region zwischen Nord(er)goesharde und Husum angesiedelt ist. Laage weist darüber hinaus auf Andeutungen zu konkreten Gebäuden und Plätzen hin, die in der Novelle auftauchen. In der Binnengeschichte etwa ist die Rede von einer Straße, die aus einer nicht weiter benannten Stadt herausführt. Diese wird auch heutzutage noch der „Damm"[62] genannt und deutet auf Husum hin. Auch die Apotheke in der Stadt und der Goldschmied Andersen[63] sind für Husum nachweisbar[64]. Ebenso lassen sich Verweise auf die Hattstedter Marsch wiederfinden. So drängen sich bei der Beerdigung des Tede Volkerts „[d]roben auf der Geest auf dem Begräbnißplatz um die Kirche"[65] Parallelen zur realen Hattstedter Kirche auf. Ähnliches gilt auch für den auf einer „hohe[n] Werfte"[66] gelegenen Deichgrafenhof, in dessen Schilderung wahrscheinlich Erinnerungen an den Hof der Deichgrafen-Familie Iwersen-Schmidt mit eingeflossen sind[67]. Man hat es beim *Schimmelreiter* demzufolge mit einer Novelle zu tun, in der konkrete regionale Begebenheiten aus ihrer Entstehungszeit nachweisbar sind. Oft sind sie sogar noch bis in die Gegenwart hinein nachvollziehbar. Dieser Umstand sollte jedoch nicht zu dem Vorwurf der Heimatdichtung führen, sondern vielmehr wurde hier doch von Storm der Versuch unternommen, eine Geschichte in einen realen Kontext zu setzen und sie so besser erfahrbar zu machen.

3.2 Historische Quellen

In Storms Nachlass wurde unter anderem ein Exemplar von *M. Antonî Heimreichs Ernewrete Nordfresische Chronick* aus dem Jahre 1668 gefunden. Dieser Umstand für sich genommen kann gewiss nicht die These legitimieren, dass diese Chronik in Teilen Eingang in den Schimmelreiter gefunden hat. Dennoch ist anzunehmen, dass Storm Bezug auf die Sturmflut aus dem Jahre 1655 genommen hat. Und auf genau diese wird auch in *Heimreichs Chronick* referiert:

> Wie denn auch *An. 1655.* den 4. Aug. ein schrecklicher Südweststurm entstanden / dadurch der teich von Bretstede nacher Husum überall eingebrochen / auch zu S. Annen in Dithmarschen ein Einbruch ist geschehen / und in dem

62 Storm 1997, S. 94. Zitate aus Storm 1997 werden im Folgenden zugunsten einer besseren Lesbarkeit lediglich mit Seitenzahl angegeben.

63 Vgl.: S. 144 bzw. S. 57.

64 Vgl.: Laage 1983, S. 140.

65 S. 68.

66 S. 32.

67 Vgl.: Laage 1983, S. 138-141.

im vorigen jahre new beteichetem Friederichskoge bey 150 ruthen teiches fast gantz sein weggeschlagen.[68]

Die Übereinstimmungen zwischen *Heimreichs Chronick* und Teilen von Storms *Schimmelreiter* bestehen jedoch nicht nur auf inhaltlicher Ebene, sondern es kommt teilweise sogar zu einer wörtlichen Übereinstimmung zwischen beiden Texten. Eine Synopse beider anhand ausgewählter Textpassagen bietet sich daher an dieser Stelle an:

Heimreichs Chronick	**Storms Schimmelreiter**
„Also ist auch *An. 1648.* den 12. Jun. und *An. 1653.* den 1. Maij ein starcker hagel gefallen / so beyde grosse steine und schlossen herunter geworffen / und ist für dem letzten ein groß geschmeiß einer sonderlichen art von fliegen fast wie ein schnee herunter gefallen / daß man nerlich die augen dafür hat können aufftthun / [...]" (S.325)	„[...], begann man immer lauter von allerlei Unheil und seltsamem Geschmeiß zu reden, das die Menschen in Nordfriesland erschreckt haben sollte; [...] im Hochsommer fiel, wie ein Schnee, ein groß Geschmeiß vom Himmel, daß man die Augen davor nicht aufthun konnte [...]." (S.143)
„*An 1587.* den 1. Sept. hat es zu Husum blut geregnet / [...]. Wie auch *An. 1636.* am tage *Petri* Stuelf. zu London in des landschreibers behäusung ein sonderbahres blutzeichen ist geschehen / massen da er sich waschen wollen / er nicht allein zu unterschiedenen mahlen blut gefunden / sondern auch im handbecken 5. todten köpfe gesehen / die theils wie ein erbs / theils etwas grösser gewesen [...]." (S.322)	„Nicht bloß Fliegen und Geschmeiß, auch Blut ist wie Regen vom Himmel gefallen; und da am Sonntag Morgen danach der Pastor sein Waschbecken vorgenommen hat, sind fünf Todtenköpfe, wie Erbsen groß, darin gewesen, und Alle sind gekommen, um das zu sehen; [...]" (S.144)

(Siehe auch: Wagener 2001, S.59f)

Von einem Zufall kann hier gewiss nicht mehr gesprochen werden, wenn man sich die vielen Übereinstimmungen vor Augen führt. Es ist davon auszugehen, dass Storm die beiden Passagen aus *Heimreichs Chronick* entnommen und in seine Novelle mit eingearbeitet hat. Auch Laage bezeichnet die hier vorgefundene „z. T. wörtliche Übernahme [als] ers-

68 Zitiert nach: Wagener 2001, S. 59.

taunlich; sie stellt der Stormforschung die Aufgabe, das Verhältnis von Quelle und Dichtung im Hinblick auf die Schimmelreiternovelle näher zu untersuchen"[69].

Es stellt sich hier die berechtigte Frage, was Storm durch die Entlehnung der beiden Passagen bezwecken wollte. Storm selbst hat dazu keine Stellung bezogen. Vermutlich wollte er aber durch die Verwendung dieser Chronik den *Schimmelreiter* in einen realistischen Kontext setzten. Um Missverständnisse zu vermeiden: Damit ist nicht gemeint, dass Blutregen real ist, sondern es geht nur darum, dass Storm hier auf authentische Quellen Bezug nimmt. Die Funktion wäre demnach also eine ähnliche wie bei den Anhaltspunkten, die eine ungefähre geographische Verortung des Geschehens ermöglichen.

Neben *Heimreichs Chronick* bediente sich Storm aber auch bei der *Sammlung einiger Husumischen Nachrichten* von J. Laß aus den Jahren 1750ff, so wie er dies schon bei einigen seiner früheren Novellen getan hat[70]. So greift er in seinem *Schimmelreiter* auch die sog. Weihnachtsflut des Jahres 1717 und die Sturmflut anno 1756 auf. Im Folgenden wird eine Textpassage aus den Schriften des J. Laß aufgeführt, in der auf die Sturmflut von 1756 Bezug genommen wird:

> Der 11te Sept. des 1751sten Jahrs ist annoch unvergessen, jedoch bleibt der 7 Octobr. dieses Jaars [1756] in mehrerem ja fürchterlicherm Andenken, zumahl da unbekannt, daß die Gefahr, so dieser Tag theils durch einen abscheulichen Sturm-Wind, theils durch die ausserordentliche wütende Wellen des schäumenden und hoch auflauffenden Wassers, so wohl Jungen als Alten angedrohet hat, bis auf die späteste Zeiten Spuren nachlassen werde. [...]
> Der Wind wehete an demselben Tage erstlich aus dem Westen, nachhero drehete selbiger sich nach Nord-Westen, und fing an dergestalt heftig zu werden, daß auch die aller älteste Leute dergleichen Sturm-Wind gehöret zu haben, sich nicht entsinnen können.
> So heftig dieser Sturm war, so heftig fing das Wasser an zu steigen. Die Wuht desselben war unbeschreiblich.
> Die Hattstetter-Marsch brach durch und bekam eine Wehle von 7 Ruhten breit und 16 Ruhten tief, welche jedoch nach Ablauf einiger Wochen GOtt [sic!] Lob! wieder zugeschlagen wurde.[71]

In Anbetracht der zuletzt genannten Textpassagen und derer aus *Heimreichs Chronick* erscheint die Schlussfolgerung legitim, dass sich Storm für seinen *Schimmelreiter* historischer Fakten bedient und diese in seine Novelle eingearbeitet hat. Er hat sich damit, analog zu den geographischen

69 Laage 1983, S. 135.
70 Vgl.: Wagener 2001, S. 60.
71 Zitiert nach: Wagener 2001, S. 60f.

Hinweisen, wahrscheinlich um eine reale zeitliche Verortung des Geschehens bemüht.

3.3 Historische Persönlichkeiten

Dies wiederum darf den Leser jedoch nicht zu der Annahme verleiten, dass es sich etwa bei der Figur des Hauke Haien um eine historisch nachweisbare Gestalt und beim *Schimmelreiter* um deren mehr oder wenige reale Lebensgeschichte handelt. Vielmehr sollte man sich stets darüber im Klaren sein, dass es sich bei dieser Novelle um eine literarische Fiktion handelt, wenn auch mit mehr oder weniger offensichtlichen Bezügen zur Realität. So verarbeitete Storm in der Figur des Hauke Haien markante Wesenszüge und Anekdoten über historische Persönlichkeiten, die im Zusammenhang mit dem Deichwesen standen. In diesem Zusammenhang kommt Reimer Kay Holander zu dem Schluss, dass

> der Novellendichter Storm eine ganze Reihe durchaus heterogener Elemente, aus verschiedenen Zeiten und aus unterschiedlichen sozialen Sphären, zu einer Fiktion zusammengefügt hat - freilich mit Kunst zusammengefügt, mit so viel Kunst, daß der Leser gar zu leicht geneigt ist, sich täuschen zu lassen. Nichtsdestoweniger ist der Schimmelreiter eine Fiktion.[72]

Bei den folgenden Ausführungen sollte man immer wieder bedenken, dass es sich bei Hauke Haien nicht um eine konkrete Gestalt der nordfriesischen Geschichte handelt. Dies muss alleine schon daran scheitern, dass Storm die Jahreszahlen in seiner Novelle mutmaßlich bewusst so gewählt hat, dass eine genaue Datierung der Ereignisse um Hauke Haien nicht möglich ist und von daher auch nicht einfach auf tatsächliche historische Ereignisse rückgeschlossen werden kann.

Dennoch hat Holander anhand einiger Angaben in der Novelle einen Lebenslauf Hauke Haiens skizziert, von dem er allerdings selbst meint, man müsse ihn aufgrund einiger Ungereimtheiten bezüglich realer Datierungen mit Vorsicht genießen. Demnach wurde Hauke Haien 1715 geboren und die Novellenhandlung setzt in seinem 16. Lebensjahr ein. 1733 beginnt er seinen Dienst beim alten Deichgrafen und beendet diesen 1738, als auch sein Vater stirbt. 1739 heiratet er dann Elke nach dem Tod ihres Vaters und wird neuer Deichgraf. 1746 fasst er den Entschluss zum Deichneubau, der in den folgenden zwei Jahren umgesetzt wird. Die Familie Haien stirbt schließlich 1756 bei einer belegten schweren Sturmflut; Tochter Wienke ist zu diesem Zeitpunkt etwa acht Jahre alt. Dieser kurze Lebenslauf hat seinen Nutzen vor allem darin, dass durch

72 Holander 1976, S. 93.

ihn ein Vergleich mit realen zeitgenössischen Persönlichkeiten möglich wird[73]. Die Forschung hat in dieser Hinsicht sechs historische Gestalten ausgemacht, die in Teilen vermutlich als Vorlage für Hauke Haien gedient haben. Laage hat diese basierend auf Untersuchungen von A. Busch, A. W. Geerkens, R. K. Holander und D. Lohmeier in der von ihm herausgegebenen Ausgabe von *Der Schimmelreiter* (1983) vorgestellt.

Zum einen ist auf Johann Claussen Rollwagen (1563 - 1623) hinzuweisen, der als sog. General-Deichgraf tätig war und „sich um das Deichwesen in Eidersted, auf Nordstrand und nördlich von Niebüll (Gotteskoog) sehr verdient gemacht hat“[74]. Er zeichnete zudem verantwortlich für die Einführung der Schubkarre beim Deichbau und für den Bau eines abgeflachten Deiches beim Sieversflether Koog. Die Einführung des abgeflachten Deichprofils wird im *Schimmelreiter* Hauke Haien zugeschrieben.

Zum anderen ist Jan Clausen Coott (1570 - 1630) zu nennen, der teilweise unter der Leitung Rollwagens als sog. Deichmeister Deiche baute. Wegen eben dieser Arbeit unter der Aufsicht Rollwagens wurde er in der Folgezeit oftmals mit diesem verwechselt.

Des Weiteren orientierte sich Storm wahrscheinlich auch an Jean Henri Desmercieres, seines Zeichens *Geheimer Conferenzrath* der dänischen Krone: Dieser deichte 1742 den Sophie-Magdalenen-Koog, 1767 den Desmerciereskoog und 1771 schließlich den Elisabeth-Sophien-Koog auf Nordstrand ein. Dabei bediente er sich des von Rollwagen eingeführten abgeflachten Deichprofils, das zwischenzeitlich wieder in Vergessenheit geraten war.

In der Novelle selbst findet man zudem einen expliziten Verweis auf einen gewissen Hans Momsen aus Fahretoft (1735 - 1811):

> Ihr hörtet wohl schon, Herr, die Friesen rechnen gut, und habet auch wohl schon über unseren Hans Mommsen von Fahretoft reden hören, der ein Bauer war und doch Boussolen und Seeuhren, Teleskopen und Orgeln machen konnte. Nun, ein Stück von solch' einem Manne war auch der Vater des nachherigen Deichgrafen gewesen; freilich wohl nur ein kleines.[75]

Demnach bestehen also gewisse Ähnlichkeiten zwischen Haukes Vater Tede Haien und Hans Momsen. An dieser Stelle sei allerdings auch darauf hingewiesen, dass sich auch zwischen Hauke Haien und Hans Momsen gewisse Ähnlichkeiten finden lassen. Diese sollen jedoch erst im Rahmen der Interpretation Erwähnung finden.

---

73 Vgl.: Holander 1976, S. 83f.

74 Laage 1983, S. 126f.

75 S. 15.

Abschließend zum Komplex der historischen Persönlichkeiten sei noch auf Hans Iwert Schmidt (1774 - 1824) und seinen Sohn Johann Iwersen Schmidt (1798 - 1875) verwiesen. Beide bekleideten das Amt des Deichgrafen in der Hattstedter Marsch, wo die Novelle ja auch verortet ist. Darüber hinaus kannte Storm die Familie Schmidt persönlich und es ist davon auszugehen, dass die Begräbnisse beider Männer in das Begräbnis des Tede Volkerts eingearbeitet worden sind[76].

Es bleibt festzuhalten, dass man es bei der Figur des Hauke Haien eben nicht mit einer historisch nachweisbaren Gestalt Nordfrieslands bzw. Schleswig-Holsteins zu tun hat. Vielmehr handelt es sich bei diesem um eine literarische Figur, die in einzelnen Aspekten historischen Figuren, die sich vor allem um den Deichbau verdient gemacht haben, nachempfunden ist. Besondere Aufmerksamkeit verdienen - wie noch zu zeigen sein wird - vor allem die Bezüge zu Hans Momsen aus Fahretoft.

3.4 Literarische Quellen und Sagenstoffe

So bleibt zum Abschluss dieses Kapitels noch die Frage zu beantworten, ob und inwieweit Storm für den *Schimmelreiter* Sagen, Spukgeschichten oder andere literarische Motive aufgegriffen hat. Einen ersten Hinweis hierzu bietet der Anfang der Novelle:

> Was ich zu berichten beabsichtige, ist mir vor reichlich einem halben Jahrhundert im Hause meiner Urgroßmutter, der alten Frau Senator Feddersen, kund geworden, während ich, an ihrem Lehnstuhl sitzend, mich mit dem Lesen eines in blaue Pappe eingebundenen Zeitschriftenheftes beschäftigte; ich vermag mich nicht mehr zu entsinnen, ob von den „Leipziger" oder von „Pappes Hamburger Lesefrüchten".[77]

Karl Hoppe, Herausgeber von Storms Werken, war es, der die hier angegebene Vorlage von Storms *Schimmelreiter* schließlich fand; sie ist 1838 im 2. Band des Jahrgangs von *Lesefrüchten Pappes* erschienen. Eine Randbemerkung sei hier erlaubt: Storms Urgroßmutter Feddersen war zum damaligen Zeitpunkt schon neun Jahre tot und Storm selbst 20 Jahre alt[78]. Die Stormforschung hatte wegen den daraus resultierenden Fehlern in der Datierung daher große Probleme, diese Quelle ausfindig zu machen; auch Hoppe stieß eher zufällig darauf.

Johann Christoph Pappe hat die betreffende Erzählung *Der gespenstige Reiter - Ein Reiseabenteuer* seinerseits aus der Ausgabe des *Danziger*

76 Vgl.: Laage 1983, S. 125f.

77 S. 9.

78 Vgl.: Barz 1982, S. 19.

Dampfboots vom 14. April 1838 entnommen[79]. Auf eine Abschrift jener wird an dieser Stelle jedoch angesichts des mehrseitigen Umfangs verzichtet, es sei vielmehr ein kurzer Abriss der Geschehnisse geboten: Ein namentlich nicht bekannter Ich-Erzähler reitet eines Abends einen Damm an der Weichsel entlang, als er einer gespenstischen Erscheinung begegnet. Er kehrt in einen nahegelegenen Gasthof ein, wo die Erscheinung am Fenster vorüberreitet und auch von den übrigen Anwesenden gesehen wird. Eine Sinnestäuschung auf dem Deich ist somit ausgeschlossen. Von dem Ausspruch, dass dieser Schimmelreiter nur dann auftauche, wenn Gefahr drohe, neugierig gemacht, erbittet sich der Reisende Aufklärung von einem alten Mann. Dieser berichtet ihm in aller Kürze von einem vergangenen Deichbruch, infolgedessen sich ein Deichgeschworener wegen eigener Unachtsamkeit mitsamt Pferd in den Bruch gestürzt habe.

Neben den deutlichen Parallelen zu *Der gespenstige Reiter* findet sich in der Müllenhoffschen Sammlung *Sagen, Märchen und Lieder der Herzogthümer Schleswig, Holstein und Lauenburg* aus dem Jahre 1845 ein notizartiger Verweis von C. P. Hansen auf eine Sage aus Schleswig-Holstein:

> CCXLIII. Der Strandvogt.
> [...]
> In Lauenburg: Ein Deichgraf reitet den Deich an der Elbe entlang, um nachzusehen. Man zwingt ihn in die Fluthen hinein zu reiten. Seitdem sieht man ihn allnächtlich auf seinem weißen Pferde.[80]

Zwar lassen sich gewisse Parallelen erkennen, diese bleiben jedoch rudimentär und Freund weist darauf hin, dass „vor allem das zentrale Motiv des Deichbaus [...] hier überhaupt keine Rolle"[81] spielt. Man kann daher zurecht davon ausgehen, dass Storm sich weniger von der Sage vom Strandvogt hat inspirieren lassen als vielmehr vom *Gespenstigen Reiter*. Eine Äußerung Storms unterstützt diesen Standpunkt, denn er räumte in einem Brief an Theodor Mommsen bereits am 13. Februar 1843 mit Bedauern ein, dass „[d]er Schimmelreiter, sosehr er auch als Deichsage seinem ganzen Charakter nach hieher [nach Nordfriesland, L.M.] passt, [...] leider nicht unserm [Storms, L.M.] Vaterlande"[82] gehört. Während Hildebrandt daraus den Schluss zieht, dass Storm sich in dieser Äußerung auf die Schimmelreiter-Erzählung von der Weichsel bezieht, ist Weinreich in seinem Urteil zurückhaltender und kommt zu dem Schluss, dass nicht sicher nachgewiesen werden kann, „[w]elche Quellen

79 Vgl.: Laage 1955.
80 Wagener 2001, S. 67; nach Müllenhoff.
81 Freund 1984, S. 24.
82 Zitiert nach: Weinreich 1997, S. 22.

Storm letztendlich genutzt hat"[83]. Dennoch muss davon ausgegangen werden, dass Storm *Der gespenstige Reiter* gekannt und Elemente daraus in seine Novelle mit eingearbeitet hat. Die inhaltlichen Parallelen zum Beginn der Novelle lassen im Grunde kein anderes Urteil zu.

In Anbetracht des Titels darf natürlich nicht das Motiv des Schimmels selbst übersehen werden. Das weiße Pferd tauchte bereits in der germanischen Mythologie auf und wurde dort als heiliges Tier verehrt. Dies änderte sich aber unter dem Einfluss der zunehmenden Christianisierung: Wahrscheinlich um sich besser vom germanischen Götterglauben abgrenzen zu können, machte man auf christlicher Seite aus dem heiligen Tier der Germanen ein Symbol für das Teuflische und den Tod. Der Schimmel als Bote des Bösen bahnte sich so seinen Weg in den Volksglauben[84]. Vermutlich ist Storm diese Symbolik bekannt gewesen und er hat daher bewusst einen Schimmel zu Hauke Haiens Reittier gemacht.

Storm bediente sich auch noch bei einem weiteren Themenfeld aus dem Volksglauben seiner Zeit, nämlich beim Deichopfer. Eingang in die Novelle hat dieses an zwei Stellen gefunden: Zum einen erzählt Elke ihrem Mann, als dieser ihr von seinem Plan zum Deichbau berichtet hat, dass dem Geschwätz der Knechte zufolge einst ein „Zigeunerkind"[85] in einem Deich vergraben worden sein soll, um diesen standhaft zu machen. Zu einem späteren Zeitpunkt muss Hauke während des Deichbaus einen kleinen Hund retten, den die Arbeiter aus eben diesem Grund verdämmen wollen[86]. Eine Deichopfergeschichte, die Storm mutmaßlich gekannt hat, ist die folgende, die sich wiederum in der Müllenhoffschen Sagensammlung findet:

> CCCXXXI. Das vergrabene Kind.
> Die *Heiligensteden* war am Stördeich ein großes Loch, das man auf keine Weise ausfüllen konnte, soviel Erde und Steine man auch hineinwarf. Weil aber der ganze Deich sonst weggerissen und viel Land überschwemmt wäre, muste das Loch doch auf jeden Fall ausgefüllt werden. Da fragte man in der Noth eine alte kluge Frau; die sagte, es gäbe keinen andern Rath als ein lebendiges Kind da zu vergraben, es müste aber freiwillig hinein gehen. Da war nun eine Zigeunermutter, der man tausend Thaler für ihr Kind bot und die es dafür austhat. Nun legte man ein Weißbrot auf das eine Ende eines Brettes und schob dieses so über das Loch, daß es bis in die Mitte reichte. Da nun das Kind hungrig darauf entlang lief und nach dem Brote griff, schlug das Brett über und das Kind sank unter. Doch tauchte es noch ein paar mal wieder auf und rief beim ersten Mal: „Ist nichts so weich als Mutters Schooß?" und beim zweiten Male:

83 Weinreich 1997, S. 22.
84 Vgl. Holander 1976, S. 30-32.
85 S. 82.
86 Vgl.: S. 117-119.

„Ist nichts so süß als Mutters Lieb?" und zuletzt: „Ist nichts so fest als Mutters Treu?" Da aber waren die Leute herbeigeeilt und schütteten viel Erde auf, daß das Loch bald voll ward und die Gefahr für immer abgewandt ist. Doch sieht man bis auf den heutige Tag noch eine Vertiefung, die immer mit Seegras bewachsen ist.
Mündlich.[87]

Es gilt in der Forschung als gesichert, dass Storm die Sage gekannt hat, wobei er diese insofern variiert hat, als anstelle eines Kindes ein Hund geopfert werden soll.

Es bleibt festzuhalten, dass viele verschiedene Arten von Quellen Eingang in den *Schimmelreiter* gefunden haben. Durch die Herstellung geographischer Bezüge bekommt die Novelle eine Verortung in einen konkreten geographischen Bereich. Dieser Umstand kann einerseits unter dem Vorwurf der Heimatdichtung diskreditiert, andererseits als der Versuch anerkannt werden, dem Werk ein realistisches Gepräge zu verleihen. Gleiches gilt für die zeitliche Verortung der Novelle mittels Bezugnahme auf historische Ereignisse und Persönlichkeiten. Das Aufgreifen literarischer Motive, Sagenstoffe und Denkmuster aus dem Volksglauben schließlich kann als der Versuch verstanden werden, eben diesen spuk- und sagenhaften Stoffen ihren Wert zuzugestehen, und zwar nicht nur zu einer bestimmten Zeit und in einem bestimmten Kulturkreis, sondern auch und vielleicht gerade über diese Grenzen hinaus. Vielleicht ist ihre Verwendung aber auch einfach nur dem Umstand zu schulden, dass Storm zeit seines Lebens eine gewisse Affinität zu Spukgeschichten, Sagen und Märchen hatte und sogar selbst einige verfasst hat[88].

87 Wagener 2001, S. 65f; nach Müllenhoff.

88 Vgl.: Cowen 1985, S. 307.

4 *Der Schimmelreiter* – Interpretation der Novelle

Nach der Vorstellung von Storms Novellenwerk und Sichtung der Quellen, die in den *Schimmelreiter* mit eingeflossen sind, soll nun eine ausführliche Interpretation des *Schimmelreiter* erfolgen. Alle mit Seitenzahlen aufgeführten Zitate beziehen sich daher, wenn nicht anderweitig kenntlich gemacht, auf die 1997 im *Deutschen Taschenbuch Verlag* erschienene Ausgabe des *Schimmelreiter*. Wie bereits in der Betrachtung von Storms Novellistik festgehalten worden ist, handelt es sich beim *Schimmelreiter* um eine für ihn typische Novelle. Erneut greift er das von ihm bekannte Erinnerungsmotiv auf und setzt es in Form einer besonderen Rahmung um. Wie diese Rahmenstruktur aufgebaut ist und vor allem, warum genau so, soll im Folgenden Gegenstand der Betrachtungen sein.

4.1 Die Rahmenstruktur und ihre drei Erzähler

Storms letzte Novelle setzt sich aus einer zweifachen Rahmung und einer Binnenerzählung zusammen, durch die der Leser sukzessive etwa hundertfünfzig Jahre[89] in die Vergangenheit zurückgeführt wird. Dort vollzieht er die Lebensgeschichte von Hauke Haien nach, der von einem einfachen Bauernsohn mit etwas Glück und aufgrund seiner Fähigkeiten zum Deichgrafen aufsteigt, gegen große Widerstände ein außergewöhnliches Deichbauprojekt durchsetzt und sich schließlich in der Nacht einer schweren Sturmflut das Leben nimmt.

4.1.1 Die erste Rahmenerzählung

Zu Beginn der Novelle meldet sich der Erzähler des ersten Rahmens, der zum Ende nicht geschlossen wird, zu Wort:

> Was ich zu berichten beabsichtige, ist mir vor reichlich einem halben Jahrhundert im Hause meiner Urgroßmutter, der alten Frau Senator Feddersen, kund geworden, während ich, an ihrem Lehnstuhl sitzend, mich mit dem Lesen eines in blaue Pappe eingebundenen Zeitschriftenheftes beschäftigte; ich vermag mich nicht mehr zu entsinnen, ob von den „Leipziger" oder von „Pappes Hamburger Lesefrüchten". Noch fühl' ich es gleich einem Schauer, wie dabei die linde Hand der über Achtzigjährigen mitunter liebkosend über das Haupthaar ihres Urenkels glitt. Sie selbst und jene Zeit sind längst begraben; vergebens auch habe ich seitdem jenen Blättern nachgeforscht, und ich kann daher um so weniger weder die Wahrheit der Thatsachen verbürgen, als, wenn Jemand sie bestreiten wollte, dafür aufstehen; nur so viel kann ich versi-

89 Vgl.: Freund 1984, S. 39.

chern, daß ich sie seit jener Zeit, obgleich sie durch keinen äußeren Anlaß in mir aufs Neue belebt wurden, niemals aus dem Gedächtniß verloren habe.[90]

Dem Leser begegnet in diesem kurzen „Rahmenfragment"[91] ein Erzähler, der sich an eine Begebenheit aus seiner Kindheit zurückerinnert, die gut fünfzig Jahre zurückliegt und bei der ihm eine Geschichte zuteil geworden ist. Diese Geschichte plant er nun zu erzählen. Einige Interpreten vertreten die Auffassung, dass es sich bei diesem ersten Erzähler um Storm selbst handelt[92]. Diese Gleichsetzung zwischen Autor und Erzähler ist jedoch unzulässig, und zwar alleine schon deswegen, weil Storms Urgroßmutter bereits über acht Jahre tot und Storm selbst etwa zwanzig Jahre alt war, als *Der gespenstige Reiter* 1838 erschien. Storm kann diese Erzählung somit überhaupt nicht von seiner Urgroßmutter erfahren haben. Wie im vorangegangenen Kapitel bereits festgestellt worden ist, bezieht sich *Der Schimmelreiter* aber aller Wahrscheinlichkeit nach auf diese Erzählung. Es darf also nicht davon ausgegangen werden, dass Storm in diesem Eingangsmonolog eine Begebenheit aus seiner Kindheit erzählt. Vielmehr besteht lediglich eine zeitliche Nähe und eine gewisse Ähnlichkeit zwischen dem realen Autor Storm und dem fiktiven ersten Erzähler in der Novelle, und zwar insofern, als beide sich an dieselbe Erzählung von einem gespenstischen Reiter erinnern, weil diese sie nachhaltig beeindruckt hat.

Man hat es in diesem ersten Rahmen mit einem im Rückblick auktorial agierenden Ich-Erzähler zu tun: Er ist derjenige, der den Erzählprozess in Gang setzt, der das noch Folgende souverän präsentiert und ohne den es diese Erzählung überhaupt nicht gäbe. Seine Erzählsouveränität geht sogar so weit, dass er es nicht als notwendig erachtet, am Ende der Erzählung noch einmal das Wort zu ergreifen und stattdessen das Erzählte für sich stehen lässt. Zudem kann dem Erzähler hier eine „Authentifizierungsstrategie"[93] unterstellt werden, denn er erweckt durch die kurze Schilderung der Rezeptionssituation den Eindruck, als habe er diese Geschichte so in seiner Kindheit kennen gelernt. Ob dies durch eine Erzählung der Urgroßmutter oder durch eigenständiges Lesen geschehen ist, erscheint dabei aber eher marginal, wobei es wohl die zweitgenannte Möglichkeit gewesen zu sein scheint. Neben dem Versuch, die vergangene Situation als wahr darzustellen, thematisiert der Erzähler allerdings auch das Problem der Unsicherheit seiner Überlieferung, indem er darauf hinweist, dass ihm zum einen die Quelle nicht mehr

90 S. 9.

91 Weinreich 1997, S. 37.

92 Vgl. u.a.: Freund 1984, S. 37; Cowen 1985, S. 309.

93 Fludernik 2006, S. 140.

sicher bekannt ist und dass er sich zum anderen nicht für die Richtigkeit seiner Aussagen verbürgen kann und will[94]. Die große zeitliche Distanz zwischen dem damaligen Erstkontakt mit der Geschichte und dem nun stattfindenden Erzählprozess trägt zu einer weiteren Verunsicherung des Lesers bei. Zudem kann man als Leser in der Folge die Schilderung „'ungewöhnliche[r]' Begebenheiten erwarten"[95], die den Antrieb zum Erzählen gegeben haben. Er will die Geschichte erzählen, weil er sie für erzählenswert hält, denn er hat sie „niemals aus dem Gedächtniß verloren"[96]. Wäre sie für damals und heute nicht so interessant, so gäbe es auch überhaupt keinen Anlass, sie mitzuteilen. Der Erzähler bleibt zudem weitestgehend anonym. Man erfährt weder seinen Namen noch irgendetwas, das über die zwei Punkte in seinem Leben - Erstkontakt mit der Geschichte und Erzählvorgang - hinausgeht. Dies macht ihn für den Leser äußerst geheimnisvoll[97].

Auf den ersten Blick greift Storm hier die aus vielen seiner Novellen bekannte und immer weiter perfektionierte Technik der Rahmung sowie das Motiv der Erinnerung auf. Während jedoch in anderen Werken die Rahmung und der Verweis auf ein Manuskript - im vorliegenden Fall ist es eine nicht genau identifizierte Zeitschrift - der Authentifizierung des Erzählten dienen sollen, bringt der erste Erzähler noch vor Einsetzen der eigentlichen Handlung ein nicht zu verachtendes Moment der Unsicherheit in den Erzählvorgang und die Erzählung selbst hinein, indem er die Quelle nicht genau angibt. Darüber hinaus gibt er in seiner Eigenschaft als Erzähler kaum etwas von sich preis. Der Leser muss sich vor diesem Hintergrund daher permanent die Frage stellen, inwieweit er das nun Folgende für wahr nehmen kann, denn es bleibt „in einer eigenartigen Schwebe"[98]. Man kann sich nicht darauf verlassen, dass das nun Folgende in allen Einzelheiten dem entspricht, was der Erzähler in seiner Kindheit gelesen beziehungsweise gehört hat. Im Laufe der Jahrzehnte wird er gewiss das eine oder andere vergessen haben und über seine unvollständigen Erinnerungen hinaus muss er durch seine „dichterische Phantasie [...] ersetzen, was verloren gegangen ist"[99]. Einer Beglaubigungsstrategie, wie man sie von Storm und dem poetischen Realismus eigentlich kennt, wirkt hier offensichtlich eine Entglaubigungsstrategie entge-

94 Vgl.: Karoussa 1983, S. 225f.
95 Weinreich 1997, S. 37.
96 S. 9.
97 Vgl.: Hoffmann 1990, S. 335f.
98 Hildebrandt 1990, S. 24.
99 Harnischfeger 2000, S. 40.

gen[100]. Dieser Umstand darf jedoch nicht darüber hinwegtäuschen, dass „es sich bei den zwei Verschriftern [gemeint sind der erste und zweite Erzähler; L.M.] [...] um einen wiederbelebenden Erinnerungsvorgang"[101] handelt.

4.1.2 Die zweite Rahmenerzählung

Nach den einleitenden Worten des ersten Erzählers meldet sich der zweite Erzähler - durch einen letzten kurzen Einwurf des ersten Erzählers unterbrochen - zu Wort:

> Es war im dritten Jahrzehnt unseres Jahrhunderts, an einem October-Nachmittag - so begann der damalige Erzähler - als ich bei starkem Unwetter auf einem nordfriesischen Deich entlang ritt. Zur Linken hatte ich jetzt schon seit über einer Stunde die öde, bereits von allem Vieh geleerte Marsch, zur Rechten, und zwar in unbehaglichster Nähe, das Wattenmeer der Nordsee; zwar sollte man vom Deiche aus auf Halligen und Inseln sehen können; aber ich sah nichts als die gelbgrauen Wellen, die unaufhörlich wie mit Wuthgebrüll an den Deich hinaufschlugen und mitunter mich und das Pferd mit schmutzigem Schaum bespritzten; dahinter wüste Dämmerung, die Himmel und Erde nicht unterscheiden ließ; denn auch der halbe Mond, der jetzt in der Höhe stand, war meist von treibendem Wolkendunkel überzogen.[102]

Es tritt ein weiterer Ich-Erzähler auf, der davon berichtet, wie er - in relativer zeitlicher Nähe zum ersten Ich-Erzähler - einmal während einer Sturmflut auf einem Deich in Nordfriesland entlang geritten ist und im Rückblick seine Wahrnehmungen während der damals tobenden Sturmflut schildert. Auch er gibt sich namentlich nicht zu erkennen und auch im Folgenden erfährt der Leser kaum mehr über ihn als die Umstände, unter denen ihm die Geschichte von Hauke Haien zuteil geworden ist. Den genauen Ort und die Zeit sowohl dieses Erlebnisses als auch von dessen Verschriftlichung teilt er nicht mit. Dies trägt zu einer weiteren Verunsicherung auf Seiten des Lesers bei, die bereits der erste Erzähler ausgelöst hat[103].

In der geschilderten damaligen Situation sieht sich der zweite Erzähler mit Ereignissen konfrontiert, die seine Wahrnehmung auf eine harte Probe stellen und nicht vollständig rational erklärbar sind:

> Jetzt aber kam auf dem Deiche etwas gegen mich heran; ich hörte nichts; aber immer deutlicher, wenn der halbe Mond ein karges Licht herabließ, glaubte

100 Vgl.: Meier 2002, S. 170.
101 Hoffmann 1990, S. 338.
102 S. 9f.
103 Vgl.: Hoffmann 1990, S. 335f.

ich eine dunkle Gestalt zu erkennen, und bald, da sie näher kam, sah ich es, sie saß auf einem Pferde, einem hochbeinigen hageren Schimmel; ein dunkler Mantel flatterte um ihre Schultern, und im Vorbeifliegen sahen mich zwei brennende Augen aus einem bleichen Antlitz an. Wer war das? Was wollte der? - Und jetzt fiel mir bei, ich hatte keinen Hufschlag, kein Keuchen des Pferdes vernommen; und Roß und Reiter waren doch hart an mir vorbeigefahren![104]

Der zweite Erzähler sieht einen Reiter an sich vorüberreiten, kann jedoch keinen Hufschlag von dessen Pferd hören. Aber er hat keine Zeit darüber nachzudenken, denn die Erscheinung kommt noch einmal wieder, bevor sie sich endgültig aus seinem Blickfeld entfernt. Diese unheimliche Begegnung ist es wohl auch, die für den zweiten Erzähler den Ausschlag gibt, später einen Erzähl- beziehungsweise Verschriftlichungsprozess in Gang zu setzen. Zumindest stellt sie, wie sich kurz darauf im Wirtshaus herausstellen wird, für den dort anwesenden Schulmeister den Erzählanlass für die Geschichte von Hauke Haien dar[105]. Hinsichtlich der Erzählintention liegt also eine Gemeinsamkeit zwischen erstem und zweitem Erzähler vor. Beide berichten von etwas, das ihnen über längere Zeit in Erinnerung geblieben ist und erzählenswert zu sein scheint. Unverzüglich nach dem sonderbaren Ereignis kehrt der Reisende in einem nahegelegenen Gasthaus ein. Als er den dort Anwesenden von seinem Erlebnis berichtet, geraten diese in Entsetzen; als sich die Stimmung wieder beruhigt hat, wird dem Leser der Schulmeister des Dorfes vorgestellt:

Abseits hinter dem Ofen, ein wenig gebückt, saß ein kleiner hagerer Mann in einem abgeschabten schwarzen Röcklein; die eine Schulter schien ein wenig ausgewachsen. Er hatte mit keinem Worte an der Unterhaltung der Anderen theilgenommen; aber seine bei dem spärlichen grauen Haupthaar noch immer mit dunklen Wimpern besäumten Augen zeigten deutlich, daß er nicht zum Schlaf hier sitze.[106]

Offensichtlich hat man es bei dem Schulmeister mit einem Menschen zu tun, der zumindest im Wirtshaus abseits der übrigen Gesellschaft steht und das Geschehen aus einer gewissen Distanz betrachtet. Vermutlich lässt sich diese Situation auch auf sein sonstiges Leben übertragen. Die Außenseiterstellung ist zum einen seinem Hochmut[107] zu schulden, zumindest betont der Deichgraf diesen. Zum anderen mag es auch daran liegen, dass man dazu neigt, den Schulmeister „zu den Aufklärern"[108] zu zählen und man beäugt ihn deshalb eher kritisch. Was es mit diesem

104 S. 11.
105 Vgl.: Balzer 2006, S. 103.
106 S. 14.
107 Vgl.: S. 15.
108 S. 159.

Vorwurf genau auf sich hat, wird allerdings nie so recht deutlich. Im Schulmeister vereinen sich weiterhin „körperliche[-] Schwächezeichen [und] geistige[-] Vitalität“[109], wie etwa eine verwachsene Schulter, schwacher, ergrauender Haarwuchs, oder die „kränkliche Stimme“[110] einerseits und das „feine Gesicht“[111] und ein „überlegenes Lächeln“[112] andererseits. All dies ist seiner Sonderlingsposition sicherlich nicht gerade abträglich. Ob man ihn aufgrund dessen sogar „dem teuflischen Bereich zu[-]ordnen“[113] darf, erscheint fraglich, soll hier aber auch nicht weiter untersucht werden. Trotz seiner Eigenbrötlerei wird er nicht rigoros aus der Gesellschaft ausgeschlossen, wie man es vor einem solchen Hintergrund erwarten dürfte. Ganz im Gegenteil ist sogar er es, dem man zugesteht, dem fremden Reisenden, also dem Erzähler des zweiten Rahmens, die Geschichte vom Schimmelreiter zu erzählen. Dieses Angebot seitens des derzeitigen Deichgrafen und der Deichgevollmächtigten nimmt der Schulmeister gerne an. Anders als bei den beiden übrigen Erzählinstanzen kommt beim Schulmeister der Anstoß zum Erzählen also nicht aus ihm selbst heraus, sondern von außen. Ihm bleibt lediglich die Möglichkeit, das Angebot an- oder abzulehnen, und er entscheidet sich für die erste Möglichkeit. Dennoch verfolgt er natürlich auch gewisse Intentionen, die er durch seinen Erzählprozess verwirklichen will; dies wird noch näher zu untersuchen sein. Zunächst einmal schickt er seiner Erzählung allerdings eine Warnung, oder vielmehr eine Rezeptionsanweisung voraus:

> „Nun freilich,“ sagte der Alte, sich zu mir wendend, „will ich gern zu willen sein; aber es ist viel Aberglaube dazwischen, und eine Kunst, es ohne diesen zu erzählen.“[114]

Der Schulmeister macht sich daran, eine Geschichte zu erzählen, die auch abergläubische Elemente - also solche, die gemeinhin Unsicherheit, Unglaubwürdigkeit und Abgründigkeit suggerieren - enthält, die nur schwer herauszufiltern sind. Vielleicht gesteht er vor den Anwesenden damit bloß ein, dass er sich selbst nicht dazu in der Lage sieht rationale und irrationale Elemente voneinander zu trennen. Vielleicht lässt er sie aber auch ganz bewusst nicht aus. Auch auf dieser dritten Erzählebene kommt also wiederum durch die Erzählerfigur selbst und durch ihre

---

109 Hoffmann 1990, S. 341.

110 S. 14.

111 Ebd.

112 Ebd.

113 Hoffmann 1990, S. 341.

114 S. 15. Hervorhebungen durch L.M.

mutmaßliche Motivation ein Moment der Unsicherheit mit in die nun anstehende Erzählung hinein.

Der zweite Ich-Erzähler reagiert allerdings gelassen auf diese Vorbemerkung des „ernsthafte[n] Männlein[s]"[115]:

> Ich muß Euch bitten, den nicht auszulassen, [...] traut mir nur zu, daß ich schon selbst die Spreu vom Weizen sondern werde.[116]

Aus dieser Bemerkung des Reisenden spricht ein großes Vertrauen in die eigene Urteilskraft: Er sieht sich dazu imstande, die abergläubischen Elemente aus der nun folgenden Geschichte zu filtern, obwohl er noch nicht einmal weiß, was ihn erwartet. Erstaunlich ist dieses Selbstbewusstsein auch vor dem Hintergrund, dass der zweite Ich-Erzähler noch kurz zuvor eine „seltsame Begegnung auf dem Deiche"[117] gehabt hat, die gerade im Zusammenhang mit der Reaktion der Anwesenden in ihm eigentlich abergläubische Motive hätte zutage fördern müssen. Der zweite Ich-Erzähler präsentiert sich dem Leser in seiner eigenen Erzählung als vernunftbegabter Mensch, der Rationales von Irrationalem zu trennen vermag. Am Rande sei darauf hingewiesen, dass er es ist, der die Erzählung des Schulmeisters verschriftlicht. Zum Zeitpunkt der Abfassung weiß er schon, was folgen und wie die Geschichte letztlich ausgehen wird und kann sich deshalb im Rückblick gegenüber dem Leser als souveräner Zuhörer präsentieren. Der Leser des Zeitschriftenheftes und zugleich Ich-Erzähler des ersten Rahmens muss folglich darauf vertrauen, dass das vom zweiten Erzähler Verschriftlichte verbürgt ist. Dasselbe gilt bereits vorher dafür, dass der zweite Erzähler Vertrauen in die Erzählung des Schulmeisters haben muss und in letzter Konsequenz muss sich der vom ersten Erzähler adressierte Leser dieselbe Frage stellen. Auf jeder Ebene der Vermittlung kommt es also zu einer gewissen Unsicherheit im Überlieferungsprozess, über die schlussendlich der reale Leser befinden muss.

Der Reisende verschwendet jedenfalls keine Gedanken an seine sonderbare Begegnung auf dem Deich und verfolgt die Geschichte des Schulmeisters, die in der Folge insgesamt fünfmal unterbrochen werden wird. Die erste Unterbrechung erfolgt kurz nach Beginn der Erzählung[118], als der Schulmeister darauf hinweist, dass die Parallelen zwischen Hauke Haien und Hans Mommsen augenscheinlich sind. Er merkt allerdings an, dass in der Vergangenheit immer die Rede von den besonderen Fä-

---

115 S. 158.
116 S. 15.
117 S. 13.
118 Vgl.: S. 17.

higkeiten Hauke Haiens gewesen ist, dass diese aber später auf Hans Mommsen übertragen worden sind. Dadurch versucht er, Hauke als die Autorität zu etablieren, die Hans Mommsen schon seit längerer Zeit in Nordfriesland darstellt. Die zweite kürzere Unterbrechung[119] erfolgt als Reaktion auf die gerade überstandene Konfrontation des jungen Hauke mit den mutmaßlichen norwegischen Seegespenstern. Der Erzähler hat soeben den Glauben an diese indirekt als Narrenglauben diffamiert, als die Anwesenden den Schimmelreiter am Wirtshausfenster vorüberreiten sehen. Die dritte Unterbrechung[120] hat den größten Umfang: Die Erzählung wird nach dem Tod Tede Haiens unterbrochen, als zwei Deichwachen ins Wirtshaus eintreten und bekunden, dass sich der Deichgraf „in den Bruch gestürzt"[121] habe. Der Deichgraf und die Deichgevollmächtigten begeben sich daraufhin nach draußen und der Schulmeister führt den Reisenden nach oben in seine Stube und fährt dort mit der Erzählung fort. Die vierte wiederum kurze Unterbrechung[122] erfolgt zwischen Eingabe des Deichbauprojekts durch Hauke beim Oberdeichgrafen und der Schilderung gespenstischer Ereignisse auf Jevershallig, welche ausreichend Stoff für das Gerede um Hauke liefern werden. Der Schulmeister distanziert sich in dieser Unterbrechung ausdrücklich vom „Geschwätz des ganzen Marschdorfes"[123] und verweist stattdessen darauf, dass seine Erzählung von Hauke Haien auf den „Ueberlieferungen verständiger Leute"[124] beruhe. Damit will er die Wahrheit seiner Erzählung untermauern. Die fünfte und letzte Unterbrechung umfasst gerade mal drei Zeilen, in denen auf das Jahr 1756 verwiesen wird, „das in dieser Gegend nie vergessen wird"[125]. Wiederum will der Schulmeister den Wahrheitsgehalt seiner Geschichte betonen. Alle Unterbrechungen gehen letztlich auf die Initiative des erzählenden Schulmeisters zurück, er gibt die Erzählsouveränität zu keinem Zeitpunkt ab. Lediglich die dritte Unterbrechung scheint nicht genauso bewusst wie die vier anderen gewählt zu sein, denn sie erfolgt als Reaktion auf Möwengeschrei und die Schritte der eintreffenden Deichwachen. Vor diesem Hintergrund stellt sich nun die Frage, welche Rolle der Schulmeister in diesem Überlieferungsprozess spielt und wie sich sein Verhältnis zur Figur Hauke Haien darstellt.

119 Vgl.: S. 23.
120 Vgl.: S. 63-65.
121 S. 63.
122 Vgl.: S. 85.
123 S. 85.
124 Ebd.
125 S. 142.

4.1.3 Die Rolle des Schulmeisters und sein Verhältnis zu Hauke Haien

In der vierten Unterbrechung der Binnenerzählung weist der Schulmeister darauf hin, dass er all das, was er bis zu diesem Zeitpunkt erzählt hat, „aus den Ueberlieferungen verständiger Leute, oder aus Erzählungen der Enkel und Urenkel solcher“[126] zusammengetragen hat. Dadurch erhebt er zum einen Anspruch auf die Wahrheit seiner Ausführungen, zum anderen sollte man dabei von einer nüchternen Schilderung der Geschehnisse um Hauke Haien - zumindest bis zu diesem Zeitpunkt - ausgehen dürfen. Dem ist jedoch nicht so:

> Sie [die Binnenerzählung; L.M.] ist jedoch im Gegenteil sehr lebendig, und zwar dadurch, dass sie viel Dialog enthält und - was noch unlogischer ist - die Gedanken Haukens [sic!] und seiner Frau Elke ohne Probleme schildert. [...] Der Schulmeister (oder einer der beiden Rahmenerzähler, die ihm die Worte in den Mund legen) bedient sich also aller Tricks auktorialen Erzählens, inklusive des Zugangs zur Gedankenwelt seiner Charaktere.[127]

Diese These lässt sich an vielen Stellen in der Binnengeschichte belegen, so etwa dann, als Elke nach Wienkes Geburt am Kindbettfieber erkrankt:

> Er [Hauke; L.M.] hatte sich sein eigen Christenthum zurecht gerechnet; aber es war Etwas, das sein Gebet zurückhielt. Als der alte Doctor davongefahren war, stand er am Fenster, in den winterlichen Tag hinausstarrend, und während die Kranke aus ihren Phantasien aufschrie, schränkte er die Hände zusammen; er wusste selber nicht, war es aus Andacht, oder war es nur, um in der ungeheueren Angst sich selbst nicht zu verlieren.[128]

Der Schulmeister gewährt seinem Zuhörer und in letzter Konsequenz auch dem Leser der Novelle einen unmittelbaren Einblick in die Gedankenwelt Haukes, der mit dem *Milieuchristentum* der Kooggemeinde nichts anfangen kann und nicht weiß, was es mit seiner plötzlichen Bereitschaft zum Gebet auf sich hat. Eine solche Innensicht und auktoriale Erzählweise kann eigentlich nicht möglich sein, wenn der Schulmeister doch den Eindruck vermitteln will, dass er eine Art Lebenschronik Hauke Haiens referiert[129]. Auch der Umstand, dass der Erzähler als Vertreter der intellektuellen Elite des Dorfes - er hat Theologie studiert - vorgestellt wird, nähren eher die Erwartungen einer rationalen und nüchternen Erzählung, als die einer Erzählung, welche die Innensicht der Hauptfigur so sehr berücksichtigt. Überhaupt erzählt der Schulmeister mehr, als er eigentlich wissen kann, denn er war „weder Zeit- noch Augenzeuge

126 S. 85.
127 Fludernik 2006, S. 144.
128 S. 109f.
129 Vgl.: Fludernik 2006, S. 146.

des Lebens Hauke Haiens“[130]. Ein weiterer eindeutiger Beleg für das auktoriale Erzählverhalten des Schulmeisters findet sich auch an dem Punkt, als Hauke Haien die Bruchstelle zwischen altem und neuem Deich bemerkt und daraufhin um den neuen Deich fürchtet[131]. Permanent wechselt der Erzähler in dieser Passage bei der Schilderung von Haukes Innenwelt zwischen Gedankenbericht und erlebter Rede.

Vor diesem Hintergrund muss man sich also die Frage stellen, warum der Schulmeister seine Erzählung genau so gestaltet und nicht anders. Wahrscheinlich ist diese Vorgehensweise dem Umstand zu schulden, dass er ein gewisses Bild von Hauke Haien, auf den die gesamte Binnengeschichte ja ausgerichtet ist, hat und dass er dieses dem unbedarften Neuankömmling auch vermitteln will. Die Innensicht bietet die Möglichkeit der Identifikation mit Hauke und Elke, aber auch nur mit diesen. Die Möglichkeit besteht darüber hinaus nämlich weder bei denen, die Hauke wohlgesonnen sind, noch bei denen, die ihm eher abgeneigt sind. So macht der Schulmeister „seine Geschichte immer mehr zu einem Vehikel für seine Vorstellung von Hauke Haien“[132]. Hauke und der Schulmeister sind gleichermaßen mit einer veralteten Gesellschaft konfrontiert, vor der sie ihre neuen, ‚aufklärerischen‘ Erkenntnisse behaupten wollen.

Ein erster Hinweis auf das Verhältnis des Schulmeisters zu Hauke Haien findet sich bereits vor Einsetzen der Binnenerzählung in der Bemerkung des Deichgrafen zur Erzählweise des Schulmeisters und in der darauf folgenden Reaktion desselbigen:

> „Unser Schulmeister,“ sagte er [der Deichgraf; L.M.] mit erhobener Stimme, „wird von uns hier Ihnen das am besten erzählen können; freilich nur in seiner Weise und nicht so richtig, wie zu Haus meine alte Wirthschafterin Antje Vollmers es beschaffen würde.“[133]

Der Deichgraf verweist hier auf einen Gegensatz zweier konkurrierender Erzählweisen und Weltbilder, führt ihn aber nicht weiter aus. Wie sich im weiteren Verlauf der Novelle zeigen wird, steht in diesem Weltbild auf der einen Seite das mutmaßlich rationale, vom Aberglauben abgekoppelte Erzählen des studierten Schulmeisters und auf der anderen Seite das vom Aberglauben durchwirkte Erzählen der Antje Vollmers, einer einfachen Frau vom Dorf. Wichtiger als die Unterscheidung beider

130 Weinreich 1997, S. 39.
131 Vgl.: S. 135-137.
132 Cowen 1985, S. 314.
133 S. 14.

Positionen an sich ist jedoch der Umstand, wie der Schulmeister diese einschätzt:

> „Ihr scherzet, Deichgraf!" kam die etwas kränkliche Stimme des Schulmeisters hinter dem Ofen hervor, „daß Ihr mir Euern dummen Drachen wollt zur Seite stellen!"[134]

Offenbar ohne jede Ironie stellt der Schulmeister seine Erzählweise über jene der Antje Vollmers und wertet letztere zudem noch als Drachen ab. Durch diese Abwertung zu einem Fabelwesen spricht er ihr jegliche Kompetenz und Glaubwürdigkeit ab, was die Geschichte von Hauke Haien betrifft und steigert dadurch die Glaubwürdigkeit seiner scheinbaren Chronik. Offensichtlich ist ihm viel daran gelegen, das Leben von Hauke Haien ohne mögliche Störungen von außen und im *Licht der Aufklärung* darzulegen. Dieser Eindruck wird gerade dadurch unterstützt, dass die gesamte Binnenerzählung hindurch ein Bild von Hauke als einem rationalen und technisch hochbegabten Menschen gezeichnet wird, der mit dem (Aber-)Glauben seiner Mitmenschen nichts anzufangen weiß und nicht zuletzt deswegen in Konflikt zu diesen gerät.

Am Ende der Erzählung hebt der Schulmeister Hauke sogar auf eine Stufe mit Sokrates und Jesus Christus. Im zweiten Fall soll dies jedoch keine blasphemische Äußerung sein. Vielmehr will er dadurch illustrieren, dass sich die Menschheit immer wieder dem Neuen verweigert und mitunter aggressiv dagegen vorgeht. So kann es seiner Meinung nach auch kommen, dass ein „tüchtige[r] Kerl, nur weil er uns um Kopfeslänge überwachsen war, zum Spuk und Nachtgespenst"[135] gemacht wird. Er artikuliert damit seine Vorbehalte gegenüber einer Gesellschaft, die sich nur auf Altbekanntes beruft und Neuerungen, wenn überhaupt, nur unter größtem Widerstand zulässt. Mit dieser Gesellschaft ist aller Wahrscheinlichkeit nach auch die Kooggemeinde gemeint, in welcher der Schulmeister lebt und zu der er anscheinend eine kritische Distanz wahrt.

In gewisser Weise versteht sich der Schulmeister als Sprecher der Aufklärung, wie der Deichgraf am Ende betont[136]. In der Lebensgeschichte Hauke Haiens thematisiert er unter anderem den Konflikt zwischen technischem Fortschritt und Altbewährtem, zwischen einer rationalen Weltsicht und einem vom Aberglauben durchwirkten Weltbild. Hauke Haien etabliert er dabei als einen Einzelgänger, der von der Gesellschaft ebenso kritisch beäugt und mit dem Teuflischen in Verbindung gebracht

134 Ebd.

135 S. 158.

136 S. 159.

wird, wie dieser sich von ihr abwendet. Er selbst erweckt einen ähnlichen Eindruck, als er im Wirtshaus erstmals auftritt. Die Schuld daran sucht er zumindest im Falle Haukes eher bei der Gesellschaft, beschreibt ihn als deren Opfer.

Man hat es hier mit einem Erzähler zu tun, der die Hauptfigur seiner Geschichte als zu Unrecht verteufelten Fortschrittsmenschen darstellt. Hinzu kommt eine Erzählhaltung, die sich zum einen epischer und subjektiver auslässt, als sie zu sein vorgibt, und zum anderen so sehr auf Hauke hin ausgerichtet ist, dass man geneigt ist, mit ihm zu fühlen und sich auf seine Seite zu schlagen. Ohne Frage versucht der Schulmeister hier mittels der Lebensgeschichte Hauke Haiens seine aufklärerischen Vorstellungen umzusetzen.

> Durch die Wahl einer Erzählfigur erzielt Storm eine subjektive Färbung des Geschehens. Mit der Vermittlerfigur des Schulmeisters trifft der Autor gleichzeitig die Entscheidung über den Erzählerstandpunkt und damit über die Perspektive. Die Darstellung des Lebens Hauke Haiens ist ausschließlich vom Denken des alten Schulmeisters geprägt, das sich durch besondere Akzentuierungen bzw. Grenzen auszeichnet.[137]

Dieses Problem von der Erzählintention des Schulmeisters leitet zugleich auch zur Frage danach über, welche Funktion denn nun die Rahmenstruktur hat.

4.1.4 Die Funktion der Rahmung

In der Forschung zum *Schimmelreiter* taucht ein Interpretationsansatz zur Rahmenstruktur des *Schimmelreiter* auf, der darin den Versuch sieht, irrationalen Erklärungsmustern den Boden zu entziehen. Diesem folgend wird das Hauptaugenmerk in der Interpretation der Rahmung verstärkt auf die Rolle des Schulmeisters und seine Erzählung gelegt. Es wurde bereits herausgearbeitet, dass er sich durch seine Erzählung der Geschichte von Hauke Haien für die Aufklärung und gegen den in seinen Augen überkommenen und schädlichen Aberglauben, das Irrationale an sich, ausspricht.

Winfried Freund[138] hat in seiner Interpretation der Novelle auf der später formulierten und zweifelsohne richtigen Annahme aufbauend, dass der Schulmeister „mit den Waffen der Aufklärung“[139] gegen den Aberglau-

137 Karoussa 1983, S. 230.

138 Vgl.: Freund 1984.

139 Freund 1998a, S. 188.

ben in den Kampf zieht, eine Interpretation vorgelegt, welche das Hauptaugenmerk vor allem auf die Erzählung des Schulmeisters richtet:

Durch seine Analyse der drei Erzähler und der Erzählebenen kommt Freund zu dem Schluss,

> daß das Irrationale nicht etwas Aufrechtzuerhaltendes, sondern etwas zu Überwindendes ist. Der Hang zum Mystischen ist nicht in der Novelle, sondern in den Köpfen der Interpreten.[140]

Er reagiert damit auf Interpretationen des *Schimmelreiter*, in denen das Verhältnis Storms zum Schulmeister-Erzähler als gegensätzlich beschrieben und die in der Novelle nicht einmal auftretende Antje Vollmers als die eigentliche Erzählfigur für die Binnenhandlung stark gemacht worden ist. So diskussionswürdig dieser Ansatz auch sein mag, so gegensätzlich dazu ist auch Freunds Interpretation des Schulmeisters, die er als Reaktion darauf entwickelt hat.

Er geht nämlich von der Annahme aus, dass zwischen der Erzählerfigur des Schulmeisters und Storm selbst viele Gemeinsamkeiten bestehen. Dementsprechend hat der erstgenannte eine weitreichende Erzählkompetenz, die er zum Zwecke der Überzeugungsarbeit beim Leser so einsetzt, „daß ein weiteres Beharren auf dem irrationalen Gehalt abwegig erscheint“[141]. Darüber hinaus sieht er den Schulmeister „in erster Linie [als] ein didaktisches Medium des Autors“[142], durch welches dieser einen Reflexions- und Erkenntnisprozess im Leser in Gang setzen will. Deshalb ist es auch notwendig, dass sich der Schulmeister als Erzähler der Binnengeschichte auktorial verhalten kann, denn nur so erscheint er dem Leser als souverän. An dieser Interpretation ist bis zu diesem Punkt an sich nichts auszusetzen, denn sie lässt sich ohne Weiteres am Text belegen und wirkt in sich zunächst geschlossen.

Problematisch erscheint sie allerdings vor dem Hintergrund, dass dem Schulmeister-Erzähler noch zwei weitere Erzähler übergeordnet sind. Denn hätte Storm den soeben erläuterten Weg tatsächlich verfolgt, hätte er es doch einfach dabei belassen können, dass ein alternder Schulmeister einem fremden Reisenden die Geschichte vom Schimmelreiter erzählt und dabei die irrationalen Momente als nicht haltbar entlarvt. Tatsächlich kommen jedoch noch der erste und der zweite Erzähler hinzu, welche die uneingeschränkte Erzählautorität des Schulmeisters zweifellos relativieren. Insbesondere gilt dies für den Erzähler des ersten Rahmens, der seine Geschichte als die Erinnerung an eine literarische Fiktion aus-

140 Freund 1984, S. 63.
141 Freund 1984, S. 63.
142 Freund 1984, S. 64.

weist. Diese zwei Erzählebenen versucht Freund zu integrieren, indem er sie unter dem Aspekt der „historischen Entrückung"[143] sieht. Durch die drei Erzählebenen kommt es demnach zu einer zeitlichen Entfernung, durch welche die in der Binnenhandlung thematisierten Konflikte und Probleme überzeitlich gedeutet werden können. Vermutlich knüpft Freund in diesem Punkt an die Chroniknovellen an, in denen Storm überzeitliche Probleme vor einem historischen Hintergrund erörtert hat. Eine solche Deutung wäre also grundsätzlich denkbar. Allerdings wird dadurch nicht das Problem gelöst, dass durch die beiden übergeordneten Erzählebenen das didaktische Moment in der Erzählung des Schulmeisters bezogen auf die Gesamtaussage der Novelle abgeschwächt wird. Auch muss die Frage erlaubt sein, ob es Storms Ziel gewesen sein kann, „eine Deichgespenstsage auf die vier Beine einer Novelle zu stellen, ohne den Charakter des Unheimlichen zu verwischen"[144], indem er dem Aberglauben und den irrationalen Elementen durch den aufklärerischen Schulmeister schlichtweg jedes Existenzrecht abspricht und der Geschichte bestenfalls einen gewissen Unterhaltungsfaktor einräumt. Diese These muss zudem vor dem Hintergrund gesehen werden, dass Storm Zeit seines Lebens eine nicht zu bestreitende Affinität für Spuk- und Sagenstoffe gezeigt hat - davon zeugen mehr als zwanzig Sagensammlungen aus seinem Besitz[145]. Paul Barz betrachtet die Gleichsetzung von Storm und Schulmeister jedenfalls kritisch:

> Nun wäre es aber grundfalsch, in diesem Schulmeister ein alter ego Storms zu sehen. Der Dichter von „Bulemanns Haus", der getreue Schüler der Lena Wies und einstige Insasse der Husumschen ‚Tonne' ist auch noch als alter Mann viel zu vernarrt in Spuk und Geister, als daß er einen solch prächtigen Gespensterspaß wie die Geschichte vom umherirrenden Schimmelreiter platter Vernunft zum Opfer bringen würde. Sein Kunstgriff läßt ihn beides sein, kühlen Chronisten wie raunenden Erzähler [...]. Auch noch in den sachlichsten Passagen bewegt sich dieser „Schimmelreiter" auf doppeltem Boden und entzieht sich letztlich rein rationaler Deutung.[146]

Darüber hinaus muss auch im Auge behalten werden, dass Storm das ursprüngliche Ende der Novelle[147], eine offensichtliche Persiflage auf den Aberglauben der Dorfbewohner, letztlich gestrichen und durch den jetzigen Schluss ersetzt hat. Wäre ihm tatsächlich so viel an einer Abwertung des Aberglaubens gelegen gewesen, hätte er diesen Schluss ja auch beibehalten können. Durch das richtige Ende wird hingegen „die aufklä-

143 Freund 1984, S. 65.
144 Storm an Heyse, 29.8.1886; In: Bernd 1974, S. 140.
145 Vgl.: Cowen 1985, S. 307.
146 Barz 1982, S. 34.
147 Vgl.: Laage 1981.

rerische Kritik an den verschiedenen Formen des [...] Weltbilds der Dorfbewohner zurückgedrängt"[148]. Durch den Schulmeister spricht eben nicht, so wie Freund es sieht, Storm *in persona* mit aufklärerischer Absicht, sondern ein Storm, der chronikalisches Erzählen gekonnt mit epischer Erzählkunst zu verbinden verstanden hat – und das durch alle drei Erzählebenen hindurch. Auch Cowen ist sich sicher: „Im *Schimmelreiter* deutet das, was der Schulmeister nicht erkennt, auf vieles hin, was der Autor zwar sagen möchte, aber in eigener Gestalt nicht zu sagen wagt"[149]. Es ist also weniger das von Belang, was der Schulmeister-Erzähler weiß und erzählt, als das, was er nicht als wahr anzuerkennen bereit ist. Und es ist nun mal das Übernatürliche, dass er nicht wahrhaben will. Aufgrund dieser Argumente ist Freunds Deutung der Rahmung von daher in einzelnen Gesichtspunkten durchaus nachvollziehbar, in ihrer Gesamtaussage ist sie jedoch unzureichend.

Einen innovativen und zugleich schlüssigen Ansatz zur Deutung des Rahmenbaus hat hingegen Albert Meier[150] vorgelegt. Dieser soll im Folgenden skizziert werden:

Storm hat im *Schimmelreiter* nachdrücklichen Wert darauf gelegt,

> die eigene Geschichte zu *entglaubigen* und seinen Lesern die vom Realismus gewöhnlich versprochene Vergewisserung über den Wahrheitsgehalt des erzählten Geschehens vorzuenthalten. Die drei sog. *Rahmen* und vor allem die fünf Intermittenzen der Schulmeister-Erzählung, die jeweils die Artifizialität bzw. Willkürlichkeit seiner Darstellung artikulieren und eine Problematisierung der Geschichte zur Folge haben, behindern den Leser beim lektüreüblichen Versuch, die Darstellung von Hauke Haiens Lebensweg für bare Münze zu nehmen.[151]

Die besondere Rahmenstruktur zielt – wie schon eingangs erwähnt – letztlich also nur darauf ab, die Glaubwürdigkeit der einzelnen Erzähl- und Wirklichkeitsebenen zur Diskussion zu stellen. Anders als insbesondere in seinen Chroniknovellen, in denen vorgefundene Manuskripte die Glaubwürdigkeit untermauern sollen, legt es Storm im *Schimmelreiter* darauf an, ein vorgefundenes ‚Manuskript' – in letzter Konsequenz ist das die mündlich überlieferte Schulmeistererzählung – als artifiziell und willkürlich zu enttarnen[152].

Es kann also keineswegs davon die Rede sein, dass im Grunde Storm selbst durch den Schulmeister spricht und daran interessiert ist, dem

---

148 Fasold 1997, S. 153.

149 Cowen 1985, S. 177.

150 Vgl.: Meier 2002.

151 Meier 2002, S. 170f.

152 Vgl. auch: Harnischfeger 2000, S. 40.

Leser den Aberglauben auszutreiben. Es ist nicht die Absicht Storms, dass der Leser die Meinung des Schulmeisters schlussendlich als der Wahrheit letzten Schluss ansieht oder dessen Ablehnung des Aberglaubens adaptiert. Ganz im Gegenteil soll durch die Rahmung ersichtlich werden, dass der Schulmeister eben nicht „als unangefochtene Wahrheitsinstanz"[153] anzusehen ist. Schließlich gibt es neben dem Schulmeister ja auch noch zwei ihm übergeordnete Erzähler, die im Grunde nur Gehörtes oder Gelesenes, ‚Manuskripte' also, referieren, weil es ihnen erzählenswert erscheint. Das alleine kann aber nicht Garant für die Wahrheit von Hauke Haiens Lebensgeschichte sein. Auch Sabine Koch bekräftigt, dass

> mehrere Erzähler und mehrere Zeitebenen [...] der Geschichte des Deichgrafen Hauke Haien Ambiguität verleihen. Die mehrfache Perspektivik und der zeitliche Abstand der Erzähler vergrößern die Unsicherheit von der Authentizität der Geschichte.[154]

Stellt sich nun also, da sich der Erklärungsansatz Freunds für die Rahmung als unzureichend herausgestellt hat, die Frage, warum Storm die Rahmung denn dann doch so umgesetzt hat.

Meier vertritt hier die Auffassung, dass im *Schimmelreiter* „im Grunde nicht Wirklichkeit verhandelt wird, sondern *nolens volens* das Erzählen selbst"[155]. Das Problem besteht nämlich darin, dass dem Übernatürlichen oder Phantastischen in einer realistischen Novelle wie dem *Schimmelreiter* an sich kein Platz eingeräumt werden durfte.

Nun taucht der Schimmelreiter aber tatsächlich im zweiten Rahmen auf, er hat *„Realpräsenz"*[156]. In der von abergläubischen Elementen durchwirkten Binnenerzählung hingegen erfolgt nur eine Art von Grundlegung für den Schimmelreiterspuk. Die gesamte Erscheinungsszenerie im zweiten Rahmen findet während einer Sturmflut und zudem während eines Unwetters statt, die Witterung ist dementsprechend schlecht, der Erzähler hat „planvoll alle Zeichen auf Undeutlichkeit bzw. Zwielichtigkeit gestellt"[157]. Hinzu kommt, dass der reisende Ich-Erzähler zu diesem Zeitpunkt noch nie etwas von einem Schimmelreiter gehört hat, die Erscheinung wird dadurch in der Wahrhaftigkeit ihrer Erscheinung gestärkt. Eine Einbildung aufgrund von Erinnerungen ist ausgeschlossen: „Der »Schimmelreiter« erscheint also auch in der Rahmenhandlung

153 Meier 2002, S. 176.
154 Koch 1993, S. 143.
155 Meier 2002, S. 171.
156 Meier 2002, S. 173.
157 Ebd.

nicht als Phantasiegeschöpf, ein unwirkliches Fabelwesen, sondern als eine reale und aktiv mithandelnde Gestalt“[158]. Es scheint daher so, als hätte Storm gegen eine Maxime des Realismus verstoßen, indem er den Schimmelreiter durch die Wirklichkeit des zweiten Erzählers reiten lässt.

Dem ist jedoch nicht so, denn er ist eben nur der zweite Erzähler. Es ist im Grunde der erste Erzähler, der zulässt, dass der Schimmelreiter im zweiten Rahmen erscheint, beziehungsweise ist er es, der berichtet, dass ein weiterer Erzähler geschildert hat, wie dieser einmal eine merkwürdige Begegnung auf einem Deich gehabt hat. Diese Erscheinung ist „nicht als Empirie, sondern als bloß literarisches Ambiente - als *Wirklichkeit* im Medium der Poesie“[159] zu verstehen. Sie wird nicht real, sondern in einer Fiktion erlebt. Deshalb verweist der Erzähler auf der ersten Ebene auch ausdrücklich darauf, dass er nun aus der Erinnerung eine Geschichte, eine literarische Fiktion, niederschreiben wird, die er einmal als Kind gelesen hat. Er gibt im Grunde nur eine Leseanleitung, indem er das nun Folgende als eine Fiktion kenntlich macht. Von daher braucht der äußere Rahmen gar nicht als ein Rahmenfragment bezeichnet zu werden, denn er hat lediglich eine einleitende Funktion. Als Teil der darauf folgenden Fiktion kann somit auch der Schulmeister lediglich „hypothetische Autorität beanspruchen“[160].

Durch dieses mutige „poetische[-] Experiment“[161] ist es Storm gelungen „einen Deichspuk in eine würdige Novelle zu verwandeln, die mit den Beinen auf der Erde steht“[162]. Das Irreale braucht so am Ende nicht trivialisiert zu werden, kann für sich selbst stehen und dem Realismus ist auch Rechnung getragen worden.

Vor allem im Kontrast zu Freunds Ansatz sollte die Schlüssigkeit von Meiers Ansatz deutlich geworden sein. Anknüpfend an diesen kann in der besonderen Rahmenstruktur auch der Versuch gesehen werden, dem Leser bewusst zu machen, dass selbst eine auf den ersten Blick noch so rational und objektiv wirkende Erzählung wie die des Schulmeisters eben genau das nicht ist. Und hiervon ausgehend ergibt sich dann auch wieder ein Brückenschlag zu Storms Verständnis von einer nicht objektiven beziehungsweise nicht objektivierbaren Geschichtsschreibung: Jeder Erzähler oder Geschichtsschreiber bringt, ob gewollt oder nicht, eine subjektive Note in das Erzählte mit hinein. Koch hält hierzu fest:

---

158 Wittmann 1964, S. 87.

159 Meier 2002, S. 175.

160 Meier 2002, S. 177.

161 Ebd.

162 Storm an Paetel, Juli/August 1886; Zitiert nach: Wagener 2001, S. 46.

> Der chronistische Bericht des Schulmeisters ist an dessen eigene Werthaltung gebunden, die den Erzählstoff subjektiv zurichtet und präsentiert. Theodor Storm demonstriert, indem er ausdrücklich die Erinnerung eines Geschehens thematisiert, daß ein Erzählen von Vergangenem stets eine höchst subjektive Leistung ist, deren Objektivation fragwürdig geworden ist.[163]

Darüber hinaus sollte man jedoch nicht vergessen, dass in der Binnenerzählung - unabhängig von der Intention der Rahmung - Themen menschlichen Seins aufgegriffen werden, wie etwa das Verhältnis zwischen begabtem Individuum und Gesellschaft, der Konflikt zwischen Tradition und Fortschritt, der Widerstreit zwischen rationaler und mythisch-irrationaler Weltdeutung oder auch das Verhältnis des Menschen zur Natur. Diese werden tatsächlich überzeitlich thematisiert. Welche Schlüsse dabei jedoch gezogen werden, das bleibt letztlich dem Leser überlassen, dem es frei steht, ob er die Position des Schulmeisters übernimmt oder nicht.

Es bleibt festzuhalten: *Der Schimmelreiter* weist eine besondere Rahmenstruktur auf, die zwei Erzählrahmen und eine Binnenerzählung umfasst, wobei die Binnenerzählung den umfangreichen Kern der Novelle bildet. Auf allen drei Ebenen kommt es zu Unsicherheiten in der Überlieferung, was die Erzähler teilweise auch selbst thematisieren. Dennoch erhebt der Schulmeister auf der zweiten Erzählebene den Wahrheitsanspruch für die Lebensgeschichte Hauke Haiens, so wie er sie erzählt. Er macht diese zu einem Transportmedium für seine aufgeklärte Weltsicht und lehnt den in ihr auftauchenden Aberglauben ab. Sein Anspruch, den Aberglauben zu trivialisieren und jeder Grundlagen zu berauben, kann aber nicht als Kernaussage der Novelle angenommen werden. Dazu ist zum einen die Überlieferungsunsicherheit, die sich durch die verschiedenen Erzähler ergibt, schlichtweg zu groß; zum anderen kann der Schulmeister die mehrfachen und unabhängig voneinander belegten Erscheinungen des Schimmelreiters nicht widerlegen. Auch macht die doppelte Rahmung deutlich, dass der Schulmeister nur eine hypothetische Autorität beanspruchen kann, da er ja nur eine literarische Figur ist. Ziel der Rahmung ist demnach wohl vielmehr, die Autorität und Glaubwürdigkeit der Erzählebenen zu thematisieren und es in letzter Konsequenz dem Leser zu überlassen, welches Urteil er über Hauke Haien, die Dorfbewohner oder das Irrationale fällt.

---

163 Koch 1993, S. 145.

4.2 Kurzer Überblick über die Binnenerzählung

Die Binnenerzählung, in der das Leben Hauke Haiens erzählt wird, bildet den Kern der Novelle. Deshalb soll nun zunächst ein kurzer Überblick über den Verlauf der Binnenerzählung gegeben werden. Daran schließt sich eine eingehende Interpretation an, wobei Hauke Haiens Welt- und Selbstverständnis und die Konfliktbildung zwischen ihm und der Dorfgemeinschaft, das Übernatürliche und der Aberglaube, sowie die Naturdarstellung besondere Beachtung finden sollen. Der Schulmeister zeichnet in der Binnenerzählung das Leben von Hauke Haien nach, seinen Aufstieg zum Deichgrafen und sein Scheitern. Die gesamte Handlung wird, bis auf wenige Ausnahmen, vorrangig aus seiner Sicht erzählt.

Hauke Haien wächst ohne Mutter und Geschwister bei seinem Vater auf. Er hat schon als Kind großes Interesse an der Mathematik und dem Deichbau und lernt, um ein mathematisches Buch, den Euklid, lesen zu können, sogar Holländisch. Er verwendet viel Zeit auf Wissensaneignung und auch durch Mitarbeit beim Deichbau ist er nicht davon abzubringen. An seinen Mitmenschen ist er nicht interessiert und verbringt seine Zeit lieber alleine am Meer, das er bezwingen und in geregelte Bahnen leiten will. Sein Herrschaftsanspruch über die Natur wird besonders drastisch deutlich, als er in einem Wutausbruch den Kater der Trien' Jans erwürgt. Er handelt damit entgegen seinem ansonsten so betont rationalen Wesen, woraufhin die alte Trien' ihn verflucht.

Von da an beginnt Haukes Aufstieg: Der Vater schickt ihn als Kleinknecht auf den Hof des Deichgrafen, wo er schnell durch besonderen Arbeitseifer und Gewissenhaftigkeit auffällt. Dies bringt ihm den Respekt der Marschbauern einerseits, die Antipathie des Großknechts Ole Peters andererseits ein. Doch schnell scheint Hauke den Blick für die Mitmenschen zugunsten übertriebener Pflichterfüllung aufzugeben.

Er und Elke, die Tochter des Deichgrafen, verlieben sich ineinander und verloben sich heimlich. Nach dem Tod ihrer Väter heiraten die beiden und sie überschreibt ihm ihr gesamtes Erbe, sodass er unerwartet zum Deichgrafen aufsteigen kann. Ole Peters missgönnt Hauke seine Erfolge von Beginn an und bringt deshalb das Wort in Umlauf, dass Hauke nur wegen der Heirat mit Elke Deichgraf habe werden können.

Hauke, der als betont rationaler Mensch danach strebt, die Natur zu kontrollieren und jeglichen Aberglauben seiner Grundlage zu berauben, fasst, angestachelt durch die Verleumdung des Ole Peters, den Entschluss einen neuen Deich zu bauen, und so dem Meer Land abzutrotzen. Ohne Rücksprache mit der Gemeinde zu halten, macht Hauke die Eingabe über sein Projekt und präsentiert seinen Mitmenschen erst dann seinen Plan. Er ist allerdings kaum dazu in der Lage, mit ihnen zu kommunizieren und sie von seinem Projekt zu überzeugen. Nach langen und zähen Verhandlungen mit der Kooggemeinschaft wird das Projekt letztlich in Angriff genommen. Jedoch ist dies weniger Haukes Überzeugungsfähigkeit zu verdanken als vielmehr den vermittelnden Worten des alten Jewe Manners, Elkes Paten.

Als das Projekt bewilligt ist, kauft Hauke einem zwielichtig wirkenden Slowaken einen völlig abgemagerten Schimmel ab und zeitgleich verschwindet ein Pferdegerippe von der Jevershallig. Die abergläubischen Dorfbewohner vermuten daher, dass der ihnen ohnehin schon so ferne und sonderbar wirkende Deichgraf einen Pakt mit dem Teufel eingegangen ist und die Ressentiments gegenüber Hauke werden größer. Ab diesem Punkt häufen sich auch abergläubische und irrationale Motive in der Erzählung, allen voran die Spukszene auf Jeverhallig.

Die Ehe zwischen Elke und Hauke bleibt viele Jahre kinderlos, bis schließlich doch noch Wienke zur Welt kommt. Anschließend im Kindbettfieber liegend, hat Elke eine Art Vision. Hauke nährt durch ein ungewöhnliches Gebet für Elke, in dem er die Allmacht Gottes bestreitet, den Verdacht der Dorfbewohner. Das Familienglück hält auch nicht lange vor: Schon bald müssen sich die Eltern eingestehen, dass Wienke geistig behindert ist, was der Liebe der Eltern, vor allem Haukes, zu ihrer Tochter jedoch keinen Abbruch tut. Die Deichgrafenfamilie isoliert sich in dieser Zeit zusehends von der Kooggemeinde. Lediglich die alte Trien' Jans wird bis zu ihrem von Visionen begleiteten Tod auf dem Hof umsorgt, gewissermaßen als Sühne für Haukes Tat in jungen Jahren. Sie kümmert sich in dieser Zeit oft und intensiv um Wienke, empfindet ihre Behinderung aber als Strafe Gottes für die Ermordung des Katers.

Die Arbeiten am neuen Deich treibt Hauke mit großem Eifer ebenso wie mit Rücksichtslosigkeit voran. Als die Bauern für den Deich durch ein Bauopfer in Form eines Hundes göttlichen Segen für das Werk erbitten wollen, verhindert Hauke dies und nimmt den Hund bei sich auf. In diesem Moment droht eine offene Eskalation des Konflikts zwischen den Marschbauern und Hauke, da beide Seiten nicht aufeinander zugehen können. Ein Freund des alten Jewe Manners kann die Bauern jedoch schließlich beschwichtigen. Der Deichbau wird abgeschlossen und Hauke gerät in einen Freudentaumel, als er erfährt, dass das neu gewonnene Land entgegen dem offiziellen Namen als Hauke-Haien-Koog bezeichnet wird.

Damit scheint Hauke inneren Frieden gefunden zu haben und auch die Auseinandersetzungen zwischen ihm und der Gemeinschaft nehmen ab. Der Frieden hält jedoch nicht lange vor, denn in der Folge erkrankt Hauke am Marschfieber und wird dadurch stark geschwächt. Das führt dazu, dass er dem Widerstand des Deichgevollmächtigten Ole Peters und der Übrigen nachgibt, als notwendige Reparaturen am Deich anfallen. Dieser Fehler führt bei einer großen Sturmflut, die sich unter apokalyptischen Vorzeichen ankündigt, dazu, dass der Deich bricht. Hauke weigert sich dabei, ‚seinen' Deich durchstechen zu lassen und so den alten Deich zu entlasten und den alten Koog zu retten. Als seine Familie in den Fluten umkommt, bekennt er seine Schuld und stürzt sich selbst mitsamt dem Schimmel in die Fluten und stirbt.

4.3 Interpretation der Binnenerzählung

In der Binnenerzählung werden die meisten Figuren vor allem in ihrem Verhältnis zu Hauke präsentiert[164]. Eine Interpretation anhand der Analyse wichtiger Figuren macht aus diesem Grund nur wenig Sinn. Es bietet sich eher an, dem Verlauf der Binnenerzählung zu folgen und die Lebensgeschichte Hauke Haiens anhand markanter und symptomatischer Szenen zu betrachten. Interpretationen einzelner Figuren werden deshalb auch nur insofern erfolgen, als sie für die Deutung der auf Hauke Haien ausgerichteten Binnenerzählung Relevanz haben. Besondere Beachtung sollen Hauke Haiens Welt- und Selbstverständnis und die Konfliktbildung zwischen ihm und den Bewohnern des Marschdorfes erfahren.

4.3.1 Rationalist und Einzelgänger: Haukes Jugend

Die Geschehnisse der Binnenerzählung setzen „[i]n der Mitte des vorigen Jahrhunderts"[165] ein, also etwa hundert Jahre vor dem Zeitpunkt, zu dem der Ich-Erzähler des zweiten Rahmens seine Zeitschriften-Geschichte verfasst. Zusammengenommen mit den etwa fünfzig Jahren, die der erste Erzähler zurück in seine Kindheit überbrückt, ergibt das einen Zeitsprung in die Vergangenheit von etwa fünfzig Jahren. Als Hauptfigur der damaligen Geschehnisse wird Hauke Haien in die Erzählung eingeführt, und zwar als

> Deichgraf[-], der von Deich- und Sielsachen mehr verstand, als Bauern und Hofbesitzer sonst zu verstehen pflegen; aber es reichte doch wohl kaum; denn was die studirten Fachleute darüber niedergeschrieben, davon hatte er wenig gelesen; sein Wissen hatte er sich, wenn auch von Kindesbeinen an, nur selber ausgesonnen.[166]

---

164 Vgl.: Weinreich 1997, S. 46.
165 S. 15.
166 Ebd.

Bereits diese Bemerkung des Schulmeisters deckt einige wesentliche Charakterzüge und Eigenschaften des Protagonisten auf: Er ist von Kindesbeinen an Autodidakt und wird sich im Laufe seines Lebens viele den Deichbau betreffende Fähigkeiten, aneignen, allerdings nicht aus Büchern, sondern vielmehr durch eigene Überlegungen. Darin spiegelt sich „von Anfang an eine einseitige Akzentuierung theoretisch-abstrakten Denkens [...], verbunden mit zunehmender Gleichgültigkeit allem Sinnhaften und Naturhaften gegenüber"[167]. Worin sich diese Ablehnung genau niederschlägt, wird im weiteren Verlauf noch deutlich werden.

Der Grund für die Einseitigkeit in Haukes Denken kann sicherlich in der fragmentarischen Familienstruktur gesehen werden, denn er wächst ohne Mutter alleine bei seinem Vater auf. Man erfährt weder, ob sie gestorben ist, noch, ob sie von Vater und Sohn getrennt lebt, sie ist ganz einfach nicht da. Dementsprechend stark ist auch der väterliche Einfluss auf den Sohn. Der Vater Tede Haien wird vom Schulmeister in die Nähe von Hans Mommsen aus Fahretoft gerückt, einem einfachen Bauern, der durch Erfindungen bekannt geworden ist[168]. Elke Volkerts, Haukes spätere Ehefrau, sieht in Haukes Vater zudem den „klügste[n] Mann im Dorf"[169], wobei er sich sein Wissen nicht aus Büchern - denn er besitzt nur „wenig Bücher und selbst diese sind auf den Dachboden verbannt"[170] - erschlossen hat, sondern mittels praktischer Aneignung.

Hauke zeichnet sich über seinen Lerneifer hinaus von Beginn an durch einen kritischen Geist und Interesse an mathematisch-technischen Fragen aus, wenn er zum Beispiel seinen Vater, der gerade Berechnungen und Landmessungen anstellt, fragt, „warum denn das, was er [Tede Haien; L.M.] eben hingeschrieben hat[-], gerade so sein müsse und nicht anders sein könne, und [...] dann eine eigene Meinung darüber auf[stellt]"[171]. Der Vater weiß auf den wachen Geist des Sohnes wegen der „relative[n] Begrenztheit seiner Kenntnisse"[172] nicht so recht zu reagieren und verweist ihn stattdessen auf ein Buch des Euklid, das auf dem Dachboden liegt. Die Übersetzung ist allerdings eine holländische und da Hauke die Sprache nicht beherrscht, nimmt er sich eine holländische Grammatik zur Hand und übersetzt mithilfe dieser das Buch so gut,

167 Freund 1984, S. 67.

168 Vgl.: Wagener 2001, S. 62-65.

169 S. 45.

170 Weinreich 1997, S. 47.

171 S. 16.

172 Weinreich 1997, S. 47.

dass er es „fast überall“[173] versteht. Dies übt großen Einfluss auf seine Persönlichkeitsentwicklung aus:

> In Haukes Begegnung mit dem mathematischen Lehrbuch ist die erste Wendung zu einem Weltverhalten angedeutet, das als bestimmenden Impuls nur das Urteil der Vernunft anerkennt und die Realität nur mit den Organen erfährt, die der Verstand zur Verfügung stellt. Der »Euklid« vermittelt ein eindeutig rationales Weltverständnis.[174]

Die bereits eingangs erwähnte Einseitigkeit in Haukes Denken und Fühlen liegt demnach ganz wesentlich in dessen Beschäftigung mit dem Euklid begründet, denn durch dieses erlernt er die Weltaneignung ausschließlich durch die Naturwissenschaften. Auch seine darüber hinaus geradezu „hartnäckige, unbeirrbare Strebsamkeit“[175] bei der Aneignung des Buches wird Hauke für den Rest seines Lebens auszeichnen und ihm auch den Blick für viele andere Dinge, wie etwa die Sorgen seiner Mitmenschen verstellen.

So merkt der Vater schließlich, dass Hauke kein Interesse für die Landwirtschaft zeigt und er schickt ihn zum Arbeiten an den Deich, um „ihn vom Euklid [zu] curiren“[176]. Dort nutzt Hauke jedoch selbst die Pausen zum weiteren Studium des Buches und bringt viel von seiner freien Zeit damit zu, alleine am Deich zu sitzen:

> Er hörte weder das Klatschen des Wassers noch das Geschrei der Möven und Strandvögel [...]; er sah auch nicht, wie vor ihm über die weite, wilde Wasserwüste sich die Nacht ausbreitete; was er allein hier sah, war der brandende Saum des Wassers, der, als die Fluth stand, mit hartem Schlage immer wieder dieselbe Stelle traf und vor seinen Augen die Grasnarbe des steilen Deiches auswusch.
>
> Nach langem Hinstarren nickte er wohl langsam mit dem Kopfe oder zeichnete, ohne aufzusehen, mit der Hand eine weiche Linie in die Luft, als ob er dem Deiche damit einen sanfteren Abfall geben wollte.[177]

Hauke blendet alle Eindrücke aus der Natur aus, die er als überflüssig empfindet, und konzentriert sich voll und ganz auf die Beobachtung des Meeres, das gegen den Deich schlägt. Sein durch das Buch von Euklid erworbenes mathematisches Wissen hilft ihm dabei, in Gedanken ein flaches Deichprofil zu entwerfen, das den Wassermassen besser standhalten könnte als das alte und überkommene Profil. In der Folgezeit entwirft Hauke immer wieder entweder auf seiner Schiefertafel Deich-

---

173 S. 17.

174 Wittmann 1964, S. 53.

175 Hildebrandt 1990, S. 45.

176 S. 17.

177 S. 18.

modelle oder baut sogar verschiedene aus Erde auf und umspült diese mit Wasser, um ihre Widerstandskraft zu testen[178]. Um dieses geradezu visionäre Deichprofil durchsetzen zu können, will er sogar Deichgraf werden: Mit seiner knappen Bejahung der eher scherzhaften Aussage seines Vaters, Hauke könne „es ja vielleicht zum Deichgrafen bringen"[179] bekundet er eine „todernste Zielbewußtheit [...], die einen kompromißlosen Willen zur Tat verrät"[180]. Bereits in dieser frühen Lebensphase zeigt Hauke immensen schöpferischen Drang, ausgeprägte abstrakt-mathematische Fähigkeiten und unbedingten Ehrgeiz. Betrachtet man nun den Lebensweg Haukes bis zu diesem Zeitpunkt, so ergeben sich einige Parallelen zu Hans Mommsen, auf den schon zu Beginn der Binnenerzählung hingewiesen worden ist: Beide haben ein besonderes Interesse an der Mathematik und zeigen deutlich autodidaktische Bestrebungen. Sogar das Lesen des Euklids in holländischer Sprache wurde in den *Schimmelreiter* mit eingearbeitet. Darüber hinaus müssen beide bei Deichbauarbeiten mithelfen, da ihre Väter sie von ihren Interessen losbekommen wollen.

Hinzu kommt noch eine Neigung Haukes, die Natur - wenn es nicht um deren Unterwerfung geht - aus seiner Wahrnehmung auszublenden oder abzuwerten und eine sich jetzt schon andeutende selbstgewählte Isolation. Die Unterwerfungsbestrebungen zeigen sich, als Hauke während einer Springflut, am Deich stehend den Naturgewalten trotzt und brüllt: „Ihr könnt nichts Rechtes, [...] sowie die Menschen auch nichts können. In diesem überheblichen Ausruf zeigt sich „die technokratische Vision des homo faber, die Welt und die Mitmenschen eines Tages den eigenen Verstandesentwürfen zu unterwerfen"[181]. Hauke glaubt sich selbst in einer Position, in der er meint, die Leistungen anderer von oben herab bewerten zu können und von daher kann er als „soziale[r] Kümmerling"[182] bezeichnet werden. Wittmann hingegen erkennt in diesem Ausruf Haukes lediglich ein „gesunde[s] Selbstvertrauen"[183], das Hauke benötigt um sich seiner Fähigkeiten gegenüber der ungebändigten Natur vergewissern zu können. Beide Positionen sind vertretbar, aber verfolgt man Freunds Argumentation weiter, so spiegelt sich Haukes Überheblichkeit gegenüber seinen Mitmenschen auch im Verhalten Gleichaltriger

178 Vgl.: S. 20.
179 S. 19.
180 Wittmann 1964, S. 55.
181 Freund 1984, S. 67.
182 Ebd.
183 Wittmann 1964, S. 56.

ihm gegenüber wider, denn sie scheinen den „Träumer“[184] mit seinem „seltsam verschlossenen Charakter“[185] zu meiden. In diesem Verhalten ist bereits die Voraussetzung dafür gegeben, dass aus dem Meiden später einmal „Argwohn und [...] Verachtung der meisten Mitbürger“[186] werden wird.

Ebenso wie gegen die Natur will sich Hauke auch gegen all das behaupten, was sich dem gesunden Menschenverstand nicht erschließt. Hauke wird im Laufe seines Lebens immer wieder mit Ereignissen konfrontiert, die entweder übernatürlich erscheinen oder dem Aberglauben seiner Mitmenschen zuzuschreiben sind. Eine einschneidende Begegnung Haukes mit irrationalen Geschehnissen stellt die Episode mit den Seegespenstern in seiner Jugend dar:

> Auf jenen Stellen war jetzt das Eis gespalten; wie Rauchwolken stieg es aus den Rissen, und über das ganze Watt spann sich ein Netz von Dampf und Nebel, das sich seltsam mit der Dämmerung des Abends mischte. Hauke sah mit starren Augen darauf hin; denn in dem Nebel schritten dunkle Gestalten auf und ab, sie schienen ihm so groß wie Menschen. Würdevoll, aber mit seltsamen, erschreckenden Gebärden; mit langen Nasen und Hälsen sah er sie fern an den rauchenden Spalten auf und ab spazieren; plötzlich begannen sie wie Narren unheimlich auf und ab zu springen, die großen über die kleinen und die kleinen gegen die großen; dann breiteten sie sich aus und verloren alle Form.[187]

Noch kurze Zeit zuvor hat ihm der Vater klargemacht, dass er sich vor einigen angetriebenen Seeleichen nicht fürchten müsse. Nun sucht Hauke - „typisch für sein ganzes Weltverhalten“[188] - die Konfrontation mit dem Übernatürlichen, indem er die unheimlichen Gestalten anbrüllt. Als diese jedoch nicht darauf reagieren, kommen ihm die norwegischen Seegespenster in den Sinn. Doch auch er läuft nicht fort, sondern schreit ihnen entgegen: „Ihr sollt mich nicht vertreiben!“[189]. Jahre später, als er mit seiner Tochter Wienke noch einmal an den Ort zurückkehrt, erklärt er ihr die Gestalten als Fischreiher auf Nahrungssuche.

Haukes Drang danach, die Natur unterwerfen zu wollen, zeigt sich in erschreckender Weise, als er den Angorakater der alten Trien' Jans erwürgt. Diese Episode stellt für Haukes weiteren Lebensweg ein einschneidendes Erlebnis dar. Als der Kater versucht, Hauke einen erlegten

---

184 S. 20.

185 Harnischfeger 2000, S. 33.

186 Hildebrandt 1990, S. 45.

187 S. 22.

188 Wittmann 1964, S. 56.

189 S. 22.

Strandläufer streitig zu machen und ihn angreift, kommt eine andere Seite des sonst so rationalen und eher unemotionalen Hauke zum Vorschein:

> Ein Grimm, wie gleichfalls eines Raubthiers, flog dem jungen Menschen ins Blut; er griff wie rasend um sich und hatte den Räuber schon am Genicke gepackt. Mit der Faust hielt er das mächtige Thier empor und würgte es, daß die Augen ihm aus den rauen Haaren vorquollen, nicht achtend, daß die starken Hintertatzen ihm den Arm zerfleischten. „Hoiho!" schrie er und packte ihn noch fester; „wollen sehen, wer's von uns Beiden am längsten aushält!"
> Plötzlich fielen die Hinterbeine der großen Katze schlaff herunter und Hauke ging ein paar Schritte zurück und warf sie gegen die Kathe der Alten. Da sie sich nicht rührte, wandte er sich und setzte seinen Weg nach Hause fort.[190]

Der Erzähler lässt überhaupt keinen Zweifel daran aufkommen, dass sich hier „[z]wei Raubtiere [...] im kompromißlosen Kampf gegenüber[stehen]"[191], mit dem einzigen Ziel, ihre Macht zu demonstrieren. Freund will den Katermord im Zusammenhang mit der Jagd auf die Strandläufer als „männliche Verachtung anderen Lebens"[192] verstanden wissen. Durch diese den Text hinter sich lassende Deutung wird Haukes Verhalten bezüglich des Katermordes als völlig gefühlskalt und als Urprinzip männlichen Verhaltens dargestellt. Im Gegensatz zu Freund das Prinzip „männliche[n] Überlegenheitsstreben[s]"[193] auslassend, betont Wittmann, dass auch in Hauke das Chaotische und das Irrationale tätig sind und dass sie bei der Tötung des Katers nach außen dringen[194]. Diese Deutung scheint angemessener als die Freunds, da sie sich näher am Text orientiert. Weinreich hat unabhängig davon in direkter Bezugnahme auf Freund darauf hingewiesen, dass man nicht von einer pauschalen Gefühlskälte Haukes reden darf, da die Tat bei Hauke im Nachhinein „Wirrsal"[195] bewirkt und er sich an anderer Stelle schmerzlich darüber bewusst wird, dass er dadurch „die Alte mit ihren jungen Enten den Ratten sollte preisgegeben haben"[196]. Bei aller Empathie, die aus diesen beiden Passagen spricht, muss jedoch Folgendes festgehalten werden: Die Ermordung des Katers ist denkbar grausam, wenn auch durch den Jähzorn Haukes noch wohlwollend als Affekthandlung erklärbar, die aus dem Irrationalen resultiert. Hingegen kann nur als unnötige Brutalität und völlige Verachtung gedeutet werden, dass Hauke den toten Ka-

---

190 S. 26.
191 Freund 1984, S. 68.
192 Ebd.
193 Ebd.
194 Vgl.: Wittmann 1964, S. 57.
195 S. 26.
196 S. 40. Vgl.: Weinreich 1997, S. 48.

ter gegen die Wand schleudert und auf das Klagen der Trien' nur mit einem zynisch schmähenden „Bist du bald fertig?“[197] reagiert. Nicht nur „rasender Jähzorn und ein wütender Trotz“, die letztlich ‚nur' zum Tod des Tieres führen, sind an dieser Stelle das Besondere, sondern vielmehr Haukes Herrschsucht über die Natur und sein pietätloses Verhalten nach seiner Tat.

Augenfällig wird dieser Umstand vor dem Hintergrund, dass der Kater für Trien' Jans ein Ersatz für ihren toten Sohn dargestellt hat, denn er hat ihr den Kater einst geschenkt. Auch wenn Tede Haien Haukes Tat im Nachhinein zu entgelten versucht[198], kann damit der emotionale Verlust für die alte Frau trotzdem nicht beglichen werden: „Der Tod des Katers bedeutet einen im Grunde nicht wieder gutzumachenden Verlust, da mit ihm auch der Symbolwert der Mutter-Sohn-Verbindung zerstört ist“[199]. Nachdem sich Haukes Vater bei Trien' Jans um Schadensbegrenzung bemüht hat, legt er seinem Sohn nahe, das gemeinsame Heim zu verlassen und eine Ausbildung zu beginnen. Hauke stimmt dem ohne Widerworte oder längere Überlegung zu, denn seiner Meinung nach „wird [man] grimmig in sich, wenn man's nicht an einem ordentlichen Stück Arbeit auslassen kann“[200]. So kommt es, dass Hauke beim Deichgrafen in den Dienst geht und dadurch seinen Aufstieg zum Deichgrafen vorbereitet. An und für sich steht somit ein Mord am Beginn von Haukes steiler Karriere.

4.3.2 Hauke und die Dorfgemeinschaft

Gegen den alten Schlendrian – Hauke im Dienst des Deichgrafen

Mit seinem Eintritt ins Berufsleben muss sich Hauke nun erstmals in seinem Leben wirklich mit seinen Mitmenschen auseinandersetzen, was er bis dahin weitestgehend vermieden hat. Als Kleinknecht ist Hauke dem Großknecht Ole Peters, einem „maulfertige[n] Geselle[n]“[201] unterstellt. Er gerät in Konkurrenz zum Großknecht, da dieser ihn nicht „herumstoßen“[202] kann und muss seinen Anfeindungen trotzen. Ole reagiert mit seinem abfälligen und feindseligen Verhalten auf Haukes Überlegenheit, der er nichts Gleiches entgegenzusetzen weiß. Dennoch zeichnet

197 S. 26.
198 Vgl.: S. 28.
199 Freund 1984, S. 68.
200 S. 30.
201 S. 36.
202 S. 37.

sich Ole als „tüchtiger Arbeiter“[203] und durch seinen „gesunde[n] Menschenverstand“[204] aus, der allerdings

> „dem Kopfarbeiter, dem Theoretiker skeptisch bis feindselig gegenübersteht, zumal dann, wenn vom geistig Überlegenen, wie eigentlich zu erwarten wäre, keine Brücken geschlagen werden“.[205]

Ohne einen Textbeleg anzuführen, verweist Freund darauf, dass Haukes Arroganz Oles abfälliges Verhalten geradezu herausfordert. Das ist aber so nicht haltbar, denn von einem „Zwiespalt zwischen Groß- und Kleinknecht“[206] ist bereits die Rede, als Hauke gegenüber Ole noch ausschließlich in der Position des Reagierenden ist. Einzig Haukes „gar zu eigne Art, ihn [Ole; L.M.] anzublicken“[207] kann hier im Ansatz auf eine Mitschuld Haukes an Oles abfälligem Verhalten verweisen. Nichtsdestotrotz kann eine ‚Mitschuld' Haukes am schlechten Verhältnis zwischen ihm und Ole in Haukes mangelnder Fähigkeit, mit seinen Mitmenschen zu kommunizieren, gesehen werden, denn er ist „noch stiller[-]“[208] als der vorherige Kleinknecht, wenn auch ungleich intelligenter. Was hingegen Ole Peters an geistigen Fähigkeiten fehlt, kann er ohne Probleme durch seine hohe soziale Integrität im Marschdorf ausgleichen. Dies wird sich auch viele Jahre später als äußerst problematisch erweisen, als Ole Haukes Kompetenz als Deichgraf öffentlich infrage stellt.

Dieser für Hauke denkbar ungünstigen Ausgangsposition zum Trotz steigt er schnell in der Gunst des Deichgrafen auf, denn jener hält aufgrund seiner Rechenkünste große Stücke auf ihn. Über Haukes schwach ausgeprägte soziale Fähigkeiten kann der ansonsten eher gesellige Deichgraf gerne hinwegsehen, denn in ihm findet er einen ausgesprochen pflichtbewussten und begabten Kleinknecht. Zugute kommt Hauke dabei gewiss auch die Trägheit und der mangelnde Intellekt seines Dienstherrn. So wird Hauke mit der Zeit für die Arbeiten, die eigentlich der Deichgraf erledigen sollte, zu einer unerlässlichen Hilfe. Er schlägt vor, dass „wohl Dem und Jenem ein kleiner Zwicker gut“[209] täte, um dem „alte[n] Schlendrian“[210] entgegentreten zu können. Darüber hinaus macht er innovative Vorschläge, die selbst der Oberdeichgraf bei seinem Besuch nicht ablehnen kann, und obwohl dieser mutmaßlich den alten

---

203 S. 36.
204 S. 45.
205 Freund 1984, S. 84.
206 S. 37.
207 Ebd.
208 Ebd.
209 S. 40.
210 S. 81.

Tede Volkerts lobt, weist Elke Hauke darauf hin, dass eigentlich er mit dem Lob gemeint gewesen sei. Hauke, von dem noch der selbstbewusste Ausruf darüber nachklingt, dass die Natur und die Menschen nichts können (s.o.), gibt das Lob überraschenderweise an Elke zurück: „Auch du doch, Elke!"[211]. Und als sie ihn darauf hinweist, dass er sie gewissermaßen ausgestochen habe, dass unter ihrer Mithilfe noch nie so ein Lob ausgesprochen worden sei, wendet er „zaghaft"[212] ein, dass er das nicht gewollt habe. Hildebrandt betont, dass Hauke in der Arbeit beim Deichgrafen seine geistige Überlegenheit mehrfach offen zur Schau stellt[213] und auch Freund verweist auf Haukes „Demonstration der eigenen Überlegenheit"[214]. Weinreich formuliert kontrastierend und unter direkter Bezugnahme auf Freund:

> Er [Hauke Haien; L.M.] ist der eigentliche Deichgraf. Sein Auftreten ist aber nicht von „Hochmut", von Besserwisserei oder gar von „Geltungsstreben" [...] bestimmt. Im Gegenteil ist Hauke eher bescheiden, fast schüchtern [...].[215]

Nicht zuletzt wegen der soeben erläuterten Szene erscheint diese Deutung Weinreichs als die zutreffendere. So nachdrücklich auch manche Interpreten schon in dieser frühen Lebensphase Haukes versuchen, nur einen selbstsüchtigen und hybriden Egomanen in ihm zu sehen, so vehement sollte auch auf die Unzulänglichkeit eben dieser Position hingewiesen werden. Der Text differenziert diesbezüglich nämlich stärker als oftmals angenommen. Ohne Frage zeigen sich bereits jetzt mehr oder weniger starke Tendenzen Haukes zum Hochmut und zur Einzelgängerei. Aber er trägt diese Charakterschwächen nicht ständig nach außen und zeigt vor allem gegenüber Elke Tendenzen der Mäßigung. Hauptgründe für den sich anbahnenden Konflikt mit der Gemeinschaft sind demnach - zumindest in dieser Phase - weniger Haukes extremer Ehrgeiz oder sein Hochmut, als vielmehr die Missgunst des Ole Peters, der fortan immer wieder gegen Hauke das Wort ergreifen wird, aber auch Haukes Unfähigkeit, mit den Mitmenschen zu kommunizieren. Aus dieser Unzulänglichkeit Haukes ist aber keine böse Absicht abzuleiten.

Der erste Mann im Dorf – Das Eisboseln

Eine weitere wichtige Episode in Haukes Leben stellt das Eisboseln dar. Hauke will sich eigentlich gar nicht für das Spiel zur Wahl stellen, da „er

211 S. 44.
212 Ebd.
213 Vgl.: Hildebrandt 1990, S. 47.
214 Freund 1984, S. 70.
215 Weinreich 1997, S. 49.

fürchtet[-] durch Ole Peters, der einen Ehrenposten in dem Spiel bekleidet[-], zurückgewiesen zu werden; die Niederlage [will] er sich sparen"[216]. Gegen den tatsächlichen Widerstand von Ole Peters wird Hauke schließlich wider Erwarten doch zugelassen, da sich viele der Dorfbewohner darüber im Klaren sind, dass es nicht der Deichgraf ist, der seine eigenen Aufgaben wahrnimmt, sondern dass sie von Hauke ausgeführt werden: Er ist „der erste Mann im Dorf"[217], der wahre Deichgraf. Die Berufung Haukes zur Spielteilnahme verdeutlicht, „dass nicht Hauke sich als zukünftiger Deichgraf aufspielt, sondern dass [...] die meisten Dorfbewohner ihn dazu machen"[218]. Auch Wittmann ist sich sicher:

> Für die Gesamtentwicklung des Geschehens ist damit eine wichtige Stufe erreicht: Sieg über den Gegenspieler Ole; öffentliche Bestätigung seiner Arbeit als der des Deichgrafen und damit eine unverkennbare Anerkennung seiner geistigen Führungsrolle.[219]

Hauke ist zu diesem Zeitpunkt durchaus noch in die Gemeinschaft integriert, seine Leistungen werden von seinen Mitmenschen anerkannt und durch die Zusage zur Spielteilnahme honoriert. Alle wissen, dass der alte Deichgraf im Grunde schon längst abgetreten ist und dass die innovativen Ideen, die sogar den Oberdeichgrafen beeindruckt haben, letztlich auf Haukes Fähigkeiten zurückzuführen sind. Interessant scheint über Haukes Nominierung hinaus noch seine Reaktion darauf: „Da trabte Hauke in das Haus und hörte nicht mehr, wer denn der Deichgraf sei; was in seinem Kopfe brütete, hat indessen Niemand wohl erfahren"[220]. Im Gegensatz zu den Dorfbewohnern ist er sich offensichtlich gar nicht bewusst, dass er für sie der wahre Deichgraf ist und dass ihm Anerkennung für seine Arbeit gebührt. Er ist vielmehr damit beschäftigt, um seine Nominierung zu fürchten. Einmal mehr erscheint es demnach unzulässig, Hauke Haien eine grenzenlose Selbstüberschätzung vorzuwerfen. Vielmehr wird hier doch das Bild eines Jugendlichen gezeichnet, der Angst hat, von seinem Großknecht Ole Peters schikaniert zu werden.

Das eigentliche Boseln ist oftmals als ein Beleg dafür angeführt worden, dass Hauke nicht dazu in der Lage ist, sich in bestehende soziale Strukturen einzuordnen. So formuliert Freund:

---

216 S. 45.
217 S. 47.
218 Weinreich 1997, S. 50.
219 Wittmann 1964, S. 62.
220 S. 48.

> Beim Eisboseln, eigentlich ein Wettstreit zweier Mannschaften, wird besonders klar, wie sehr Hauke im Grunde unfähig ist, für die Gruppe zu kämpfen. [...] Er bleibt der Einzelkämpfer und Außenstehende.[221]

Und Hildebrandt übernimmt dies nahezu wortgetreu:

> Beim Eisboseln, einem Wettstreit zweier Mannschaften, zeigt sich besonders deutlich, dass es dem ehrgeizigen Kleinknecht schwer fällt, sich in eine Gruppe einzufügen. [...] Im Grunde bleibt er [...] ein Einzelkämpfer [...].[222]

Inwieweit aber gibt der Text Aufschluss über diese Theorie? Hauke nimmt für sich selbst zumindest in Anspruch: „Ich werfe für die Marsch!“[223]. Da im Umfeld dieser Äußerung nichts - beispielsweise in Form eines Erzählerkommentars - formuliert wird, was diese Aussage in Zweifel ziehen könnte, muss sie als wahr akzeptiert werden. Hingegen erweist sich Ole Peters als Egoist, indem er versucht, Hauke vor einem Wurf zu verunsichern, um ihn so für Elke Volkerts uninteressant zu machen. Ole und nicht Hauke ist derjenige, der das Gemeinwohl - hier ist es die Ehre der Mannschaft - seinem persönlichen Interesse unterordnet. Hauke ist es, der dieses unsoziale Verhalten aufdeckt: „Wohin gehörst denn du?“[224] fragt er den Großknecht, der kurz darauf handfest von Elke zurückgehalten wird, sodass Hauke den entscheidenden Wurf durchführen kann. Die Menge feiert ihn mit „Hauke Haien hat das Spiel gewonnen!“[225] und er selbst merkt, als sich Elkes Hand um seine schließt, an: „Ihr mögt schon recht haben; ich glaube auch, ich hab' gewonnen!“[226]. Zweifelsohne lässt diese Äußerung eine Deutung dahingehend zu, dass Elke für Hauke der „Gewinn“ insofern ist, als sich darin ein Ausdruck der Freude über Elkes verhaltene Liebesbekundung zeigt. Weinreich erklärt damit Freunds Interpretation dieser Szene[227] für abwegig, nach der sich in ihr ausschließlich Haukes Geltungsstreben widerspiegle. Eine Deutung der Eisboselszene dahingehend, dass Hauke ausschließlich gewinnen will, um „zum einen sich selbst zu bestätigen, zum anderen [um] für Elke Volkerts [zu] werfen“[228], erweckt den Eindruck, dass sich hier blanker Egoismus und maßloses Perfektionsstreben unheilvoll ankündigen. Diese Deutung erscheint jedoch unverhältnismäßig: Das Maß an Perfektion, das Hauke hier zeigt, übersteigt nicht das ‚ge-

221 Freund 1984, S. 69.
222 Hildebrandt 1990, S. 47.
223 S. 52.
224 Ebd.
225 S. 53.
226 Ebd.
227 Vgl. Freund 1984, S. 69.
228 Hildebrandt 1990, S. 47.

sunde' Maß und es kann ihm auch nicht angelastet werden, dass er die Frau, zu der er sich hingezogen fühlt, beeindrucken möchte und anschließend seine „Freude über die erwiesene Zuneigung Elkes"[229] offen zeigt.

Über diesen Aspekt hinaus bildet das Eisboseln die Kulisse für eine weitere Begegnung Haukes mit Trien' Jans: Kurz nach einem guten Wurf Haukes drängt sie sich zu ihm vor und bietet ihm ein Glas Branntwein an. Hauke lehnt dieses jedoch ab, denn er „trink[t] das nicht"[230]. Stattdessen drückt er ihr ein Markstück in die Hand und bittet sie: „Nimm das und trink' selber das Glas aus, Trien': so haben wir uns vertragen"[231]. Die alte Frau nimmt Haukes Angebot an und als sie schon dabei ist wegzugehen, ruft Hauke ihr noch nach: „Wie geht's mit deinen Enten?"[232]. Dieses Gespräch zeigt zweierlei auf. Zum einen hat Hauke seine Tat niemals vergessen und möchte sie auch selbst wiedergutmachen, obwohl dies ja schon sein Vater getan hat. Zum anderen tritt hier auch eine ausgeprägte Sachorientierung bei Hauke zutage, denn er denkt, dass man das Leben des liebgewonnenen Haustieres in Geld aufrechnen kann. Allerdings gibt ihm die Reaktion der alten Trien' in seinem Denken recht und zudem konnte er sich des wahren emotionalen Werts des Katers nie bewusst sein, da ihn niemand darauf hingewiesen hat. Diese Szene zeigt Hauke als jemanden, der durchaus am Wohl anderer interessiert ist. Umso erstaunlicher ist es, dass Hildebrandt diese Passage gar nicht erwähnt und dass Freund in ihr sogar einmal mehr ein Beispiel für Haukes Egoismus sehen will, was er jedoch nicht belegt[233].

Eine weitere fragwürdige Interpretation von Haukes Verhalten legt Freund auch in der folgenden Tanzszene vor, die sich an das Eisboseln anschließt: „So sehr ist er auf Perfektion und das eigene Ansehen bedacht, daß er es Elke abschlägt, mit ihr zu tanzen. Die anderen könnten ihn wegen seiner Ungeübtheit verlachen"[234]. Vergleicht man dies mit der zugrundeliegenden Passage, ergeben sich Irritationen:

> [Elke:] „Willst du mit mir tanzen? Ich hab' es Ole Peters nicht gegönnt; der kommt nicht wieder!"
> Aber Hauke machte keine Anstalt: „Ich danke, Elke," sagte er; „ich verstehe das nicht gut genug; sie könnten über dich lachen; und dann ..." er stockte

229 Weinreich 1997, S. 50.
230 S. 51.
231 Ebd.
232 Ebd.
233 Vgl.: Freund 1984, S. 88.
234 Freund 1984, S. 69.

plötzlich und sah sie nur aus seinen grauen Augen herzlich an, als ob er's ihnen überlassen müsse, das Uebrige zu sagen.
„Was meinst du, Hauke?" frug sie leise.
- „Ich mein', Elke, es kann ja doch der Tag nicht schöner für mich ausgeh'n, als er's schon gethan hat."
„Ja," sagte sie, „Du hast das Spiel gewonnen."
„Elke!" mahnte er kaum hörbar. [...] „Ich dachte, Elke, ich hätt' was Besseres gewonnen!"[235]

Nichts ist hier zu finden von dem selbstsüchtigen und perfektionistischen Hauke, den Freund zu erkennen glaubt; nichts, was darauf hindeutet, dass dieser um seines Ansehens willen Elke den Tanz verweigert. Ganz im Gegenteil belegt diese Passage doch eindeutig, wie verliebt Hauke in diesem Moment ist, und dass es seine Freundin ist, der er eine Blamage wegen seiner Ungeschicklichkeit ersparen möchte. Zudem erklärt Hauke hier einfühlsam, dass ihm das gewonnene Spiel viel weniger bedeutet als seine Liebe zu Elke. Und die hatte er schon unmittelbar vor dem entscheidenden Wurf sicher, als Elke Ole Peters von Hauke wegriss.

Von seines Weibes wegen – Haukes Aufstieg zum Deichgrafen

Im weiteren Verlauf der Handlung kündigt Ole Peters seinen Dienst beim Deichgrafen, heiratet und wird dadurch ein angesehener Mann im Dorf, während Hauke zum Großknecht aufsteigt. Doch schon bald verschlechtert sich der Gesundheitszustand Tede Haiens rapide und Hauke entschließt sich „ohne Bedenken"[236], seinen Vater bis zu dessen Tod zu pflegen[237]. Seinen Posten beim Deichgrafen kann er mithilfe von Elke, früher als ursprünglich abgemacht, beenden und er kehrt zu seinem Vater zurück. Das bedeutet aber zugleich, dass Hauke seinen Wunsch, Deichgraf zu werden, fürs Erste beiseite schieben muss[238]. Wiederum zeigt sich, dass Hauke nicht ausschließlich aus egoistischem Antrieb heraus handelt, sondern durchaus auch an ihm nahe stehende Menschen denkt und eigene Ziele dafür zurückzustellen bereit ist.

Als der alte Deichgraf kurz nach dem Tod Tede Haiens viel Arbeit zu erledigen hat und Hauke daher bittet, ihm dabei zu helfen, erklärt sich dieser sofort dazu bereit, denn „es [scheint] ihm Selbstverstand, die Arbeit von Elke's Vater mitzuthun"[239]. Beispielhaft stehen diese beiden

235 S. 56.
236 Weinreich 1997, S. 51.
237 S. 58f.
238 Vgl.: Hildebrandt 1990, S. 48.
239 S. 63.

Vorgänge für die aktuelle Lebensphase Haukes, in der dieser sich so intensiv wie nie zuvor seinen Mitmenschen - wenn es sich dabei auch ‚nur' um ein Familienmitglied und einen engen Freund handelt - zuwendet und mitunter selbstlos handelt. Weinreich stellt berechtigterweise heraus, dass Hauke in naher Zukunft „ohne Intrigen, Machtstreben oder Geltungssucht"[240] Deichgraf werden wird. An dieser Stelle steht Hauke vor der Möglichkeit, sich stärker in die soziale Ordnung des Dorfes zu integrieren und aus der selbstgewählten Isolation herauszutreten, wozu er ja zuvor schon ein paar Mal Ansätze gezeigt hat, wie etwa beim Eisboseln.

Die Hinwendung Haukes zu seinen Mitmenschen ist ohne Frage Elkes positivem Einfluss seit dem Eisboseln zu schulden. Beide sind ineinander verliebt und der ansonsten so zielstrebige und in sich gekehrte Hauke fühlt sich, als gehe er „allzeit Hand in Hand"[241] mit Elke. Nach dem Tod seines Vaters besucht sie Hauke im Haus des Vaters, beginnt dort aufzuräumen und alles wohnlicher zu gestalten und betont, „das können nur wir Frauen"[242]. Liebevoll kümmert sie sich um ihn und so ergibt sich die wohl einmalige Chance, Haukes einseitige Lebensgestaltung durch Elkes Zuwendung aufzubrechen. Freund vertritt die Auffassung, dass Hauke erst nach dieser Szene das Potential hat, „aus seiner Verkümmerung heraus in ein volles, das Soziale umfassendes menschliches Leben einzutreten"[243], jedoch hat Haukes Sorge um seinen alten Vater bewiesen, dass er dieses, wenn auch in geringerem Umfang, schon vorher hatte. Elke ist also nicht diejenige, die aus Nichts Etwas - etwa aus Egoismus Altruismus - macht, sondern sie hat einen unterstützenden Einfluss auf das sich andeutende Potential Haukes und verstärkt es lediglich.

Doch Elke hat nicht nur einen positiven Einfluss auf Hauke, was die Verbesserung seiner Sozialfähigkeiten angeht. Sie ist es auch, die nach dem Tod ihres Vaters wesentlichen Anteil daran hat, dass Hauke zum neuen Deichgrafen bestimmt wird. Beim Leichenmahl beraten der Oberdeichgraf, der Pastor und der alte Manners, wer denn nun die Nachfolge für Tede Volkerts antreten könnte. Da Jewe Manners aufgrund seines Alters nicht mehr in Frage kommt, sind sich die drei schnell einig, dass eigentlich nur Hauke die Nachfolge antreten kann, denn „was in den letzten Jahren Gutes für Deiche und Siele und dergleichen vom Deich-

240 Weinreich 1997, S. 50.
241 S. 58.
242 S. 62.
243 Freund 1984, S. 70.

grafenamt in Vorschlag kam, das war von ihm“[244]. Doch Hauke hat nicht genügend Grundbesitz und daher hält Elke Fürsprache für Hauke, indem sie den drei Herren ihre Verlobung mit Hauke bekannt gibt und verkündet, dass sie ihm noch vor der Hochzeit die Güter ihres Vaters überschreiben werde. Sie hat dafür zweierlei Gründe: Zum einen tut sie es natürlich aus Liebe, um Hauke so seinen großen Wunsch vom Deichgrafenamt zu erfüllen. Sie weiß wohl am besten um die positiven, die menschlichen Seiten Haukes und meint daher, dass „einem rechten Manne [...] auch die Frau wohl helfen“[245] darf. Zum anderen bekennt Elke ihr Eigeninteresse bezüglich der Hochzeit, als sie einräumt: „Ich habe auch meinen kleinen Stolz, [...] ich will den reichsten Mann im Dorfe heirathen“[246]. In Elke spielen zu diesem Zeitpunkt also die bedingungslose Liebe zwischen ihr und Hauke und das Streben nach Verwirklichung eigener Interessen eine Rolle.

Nur am Rande sei erwähnt, dass im Zusammenhang mit Haukes Ernennung zum Deichgrafen keine Kritik daran laut wird, „nicht einmal aus dem Munde Ole Peters', der bei der Beerdigungsfeier neben Hauke“[247] sitzt. Es gibt hierfür zwei gegensätzliche Erklärungsmöglichkeiten, die am Text allerdings nur sehr begrenzt belegbar sind: Entweder erwähnt der Schulmeister keine Kritik, weil sie nicht erhoben worden ist, oder er verschweigt sie gezielt, weil durch sie Haukes Ansehen im Dorf nachträglich angezweifelt werden könnte. Bedenkenswert ist, dass Haukes Berufung zum Deichgrafen ausschließlich aufgrund seiner Sachkompetenz erfolgt. Die Frage nach der sozialen Integrität wird gar nicht gestellt, und das ausgerechnet bei Hauke, der sich schon immer durch Eigenbrötlerei ausgezeichnet. Insofern muss den Verantwortlichen eine mittelbare Schuld am Scheitern Haukes gegeben werden, da sie nicht wahrhaben wollen, dass dieser trotz positiver Ansätze einfach kein Gemeinschaftsmensch ist.

Freund beleuchtet über den Aspekt von Elkes Motiven hinaus die neue Konstellation, die sich durch die Ehe der beiden ergibt:

> Herausragende individuelle Fähigkeiten und soziale Verantwortung scheinen in der Liebe und der Ehe eine unverbrüchliche, sich gegenseitig befruchtende Einheit einzugehen. Die unbeirrbare Hinneigung der Frau zu dem Mann, für den sie sich entschieden hat, schafft ihm die Möglichkeit, seine persönliche Begabung in den Dienst der Gemeinschaft zu stellen.[248]

---

244 S. 72.

245 S. 75.

246 S. 74.

247 Weinreich 1997, S. 51.

248 Freund 1984, S. 71.

Hauke hat ohne Frage bemerkenswerte Begabungen, die er schon von Kindesbeinen an angeregt hat, jedoch hatte er schon immer die Tendenz seine Mitmenschen meistens aus seinem Denken auszuklammern und sein Streben, das Meer zu bezwingen, unterliegt ohnehin der Gefahr, zum Selbstzweck zu werden. Darüber können auch seine altruistischen ‚Anwandlungen' nicht hinwegtäuschen. Elke ist in dieser Hinsicht also unabdingbar als Partnerin Haukes. Sie hat sich, im Gegensatz zu ihm, den Blick für die Mitmenschen trotz ähnlicher Begabung bewahrt und könnte ihn dabei unterstützen, Verantwortung für die Gemeinschaft zu übernehmen und seine überdurchschnittlichen Fähigkeiten zum Wohl aller einzusetzen.

4.3.3 *Was Lebig's* – Das Deichbauprojekt und die Zuspitzung des Konflikts

Diese geradezu idealen Voraussetzungen für eine verstärkte Eingliederung Haukes in die Dorfgemeinschaft wird jedoch bald gestört, als Hauke aufgrund von viel liegengebliebener Arbeit „mit einem scharfen Besen"[249] fegt. Im Gegensatz zum alten Deichgrafen ist er nämlich mit großem Eifer bei der Sache und bereit, „sich ganz dem Beruf hinzugeben"[250]. Dabei muss bedacht werden, dass sich Hauke so mehr und mehr von seinen Mitmenschen absondert. Auch die Belastungen, die durch Haukes strikten Arbeitsstil entstehen, verärgern die Koogbauern und reißen einen Graben zwischen ihm und ihnen auf. In einer alkoholgeschwängerten Situation bringt Ole Peters, der sich mit Hauke ohnehin noch nie so recht verstanden hat, schließlich „ein störendes Wort in Umlauf"[251], dass Hauke nur „von seines Weibes wegen"[252] Deichgraf geworden sei. Hauke zeichnet sich zu dieser Zeit zwar durch „Ehrenhaftigkeit und Liebe"[253] vor allem Elke gegenüber aus, jedoch fordert dieses spöttisch dahergesagte Wort Haukes „Ehrsucht und de[n] Haß"[254] heraus, die schon lange in ihm brodeln:

> Und wieder ging vor seinem inneren Auge die Reihe übelwollender Gesichter vorüber, und noch höhnischer, als es gewesen war, hörte er das Gelächter an

249 S. 76.
250 Harnischfeger 2000, S. 25.
251 S. 76.
252 S. 77.
253 S. 66.
254 Ebd.

dem Wirthshaustische. „Hunde!" schrie er, und seine Augen sahen grimm zur Seite, als wolle er sie peitschen lassen.[255]

Einen so dermaßen irrationalen Wutausbruch hat man bei Hauke bis dato nur einmal erlebt, und zwar, als er den Angorakater erwürgte. Danach hatte er seine Emotionen anscheinend über längere Zeit weitestgehend unter Kontrolle, doch nun will er seine Gegner sogar am liebsten auspeitschen lassen. Elke kann ihn zwar fürs Erste beruhigen, doch seinen Plan hat er bereits gefasst: „Seine alte Idee, die Eindeichung eines neuen Kooges, entwickelt sich in einem Zustand der Erregung zu einem realen Plan"[256], wodurch er alle Zweifel an seine Fähigkeiten auszumerzen gedenkt. Dabei war er sich ja eigentlich schon vorher sicher, dass „von allen nur er [zum Deichgrafen; L.M.] berufen war"[257], doch nun ist er völlig darauf bedacht, seine besonderen Fähigkeiten vor allen anderen zu demonstrieren. Somit wird das geradezu visionäre Deichbauprojekt für ihn „zum letzten Mittel der Selbstbehauptung vor einer Welt, die ihn ständig in Frage stellt"[258]. Weinreich gibt daher zu bedenken:

> Die aus solcher Schwäche geborenen Handlungen können ein Resultat hervorbringen, das gerühmt und von der Nachwelt bewundert werden wird, wie der neue Deich, aber die Aggressivität, die zu diesem Ziel vorantreibt, kann nur menschenfeindlich wirken.[259]

Zwar wird der neue Deich einen unbestreitbaren Nutzen für alle haben und das Projekt ist daher in dieser Hinsicht zu würdigen, jedoch stellt es auch ein ebenso egoistisches wie „ehrgeizige[s] Renommierprojekt"[260] dar, das die Rücksichtslosigkeit, aber auch die Selbstaufgabe seines Erfinders regelrecht herausfordert.

Dies deutet sich bereits in der eben genannten Reaktion Haukes an und wird konkret in der Umsetzung seines Vorhabens von der Planung bis hin zum Bau. Jede freie Minute bringt Hauke von nun an mit der Konstruktion des neuen Deiches zu und „selbst der [Umgang; L.M.] mit seinem Weibe [wird] immer weniger"[261]. Sein ungebändigter Ehrgeiz bei der Durchsetzung seines Plans geht also auch „zu Lasten des Familienlebens, zu Lasten Elkes"[262]. Sogar seiner eigenen Frau gegenüber kommt nun immer öfter Haukes Streben nach Eigennutz zum Tragen, auch

---

255 S. 77f.

256 Weinreich 1997, S. 52.

257 S. 66.

258 Wittmann 1964, S. 69.

259 Weinreich 1997, S. 52.

260 Freund 1984, S. 72.

261 S. 84.

262 Weinreich 1997, S. 53.

wenn sie und später noch Wienke die einzigen Menschen sind, denen gegenüber er so etwas wie Liebe andeutet. Elke erträgt diese Situation im Stillen, solidarisiert sich mit ihm und beide beteuern einander: „Wir wollen fest zusammenhalten"[263].

Auch im Umgang mit der Dorfgemeinschaft kommt Haukes unsoziales und rücksichtsloses Verhalten nun immer offensichtlicher zum Vorschein. Ohne seine Mitmenschen davon in Kenntnis zu setzen, plant er das Projekt und macht die Eingabe darüber beim Oberdeichgrafen. Nach der Bewilligung findet eine Versammlung Haukes mit den Deichgevollmächtigten statt, in der das Projekt nicht zuletzt an Haukes mangelnder Sozialkompetenz doch noch zu scheitern droht. Die Deichbevollmächtigten sehen sich als Resultat von Haukes „autoritäre[m] Umgang[-]"[264] diese Sache betreffend vor vollendete Tatsachen gestellt und haben zurecht Bedenken, was die zusätzlichen Belastungen für sie angeht. Erst eine Rede des mit Hauke solidarischen Jewe Manners, der das Projekt Haukes „von Gott verliehener Einsicht"[265] zurechnet, kann die Deichgevollmächtigten dazu bewegen, sich in das, „das nun nicht mehr zu ändern steht"[266], zu ergeben. Nicht Hauke ist dieser Erfolg also letztlich zuzurechnen, weil er um Verständigung bemüht wäre und die Anwesenden überzeugen würde, sondern der Vermittlungsarbeit des Jewe Manners, der im Gegensatz zu Hauke sowohl die Bedenken der Gemeinschaft ernst nimmt, als auch den Nutzen von Haukes Projekt zu bewerben weiß. Somit verkörpert er „hier - zwischen der Masse und dem verirrten Einzelnen stehend - das rechte menschliche Maß"[267].

Als es bei einer späteren Tagung um die Verteilung der Flächen im geplanten Koog geht, zeigt sich erneut Haukes Unvermögen auf sozialer Ebene, obwohl auch einige Leute anwesend sind, die „mit Ehrerbietung diesen gewissenhaften Fleiß betrachte[-]n"[268]. Er beschränkt sich in seinen Ausführungen ausschließlich auf das Formale, kritisiert die Verleumdung Ole Peters gegenüber ihm und bekundet seine Absicht zu beweisen, dass er um seiner „selbst willen Deichgraf sein könne"[269]. Wieder einmal wird er von Jewe Manners unterstützt, der erneut den göttlichen Beistand für das Projekt reklamiert.

---

263 S. 84.
264 Weinreich 1997, S. 53.
265 S. 101.
266 Ebd.
267 Wittmann 1964, S. 75.
268 S. 104.
269 S. 105.

Die Kluft zwischen Hauke und der übrigen Dorfgemeinschaft wird in dieser Phase der Erzählung immer größer. Nicht von ungefähr fällt die Eingabe des Deichbauplans zeitlich zusammen mit dem Spuk auf Jevershallig und dem Schimmelkauf, infolgedessen Hauke verstärkt mit dem Teuflischen in Verbindung gebracht werden wird, und das, obwohl beide Ereignisse - also Schimmelkauf und Spuk - „aus aufgeklärter Sicht nicht zusammenhängen"[270]. Doch wird für die Dorfbewohner gerade durch diese Verknüpfung vieles als Teil eines teuflischen Paktes erklärbar, den Hauke mutmaßlich geschlossen hat: sein rasanter Aufstieg, sein wahnwitziges Deichprojekt und seine Anzweiflung der Allmacht Gottes[271] sowie seine zunehmende Rücksichtslosigkeit. Eine genauere Deutung des Jevershallig-Spuks soll aber erst im Kontext der Betrachtung des Irrationalen und des Aberglaubens erfolgen.

Die Deichbauarbeiten werden von Haukes autoritärem Umgang mit den Dorfbewohnern überschattet. Schon seit Beginn der Planung gehen seine Bemühungen bis tief „in die Nacht hinein"[272] und „[h]art gegen sich und hart gegen andere treibt er"[273] sein ehrgeiziges Projekt auch jetzt voran. Sein sozialer Umgang beschränkt sich dabei auf das Überwachen der Arbeiten, das Erteilen von Befehlen, hin und wieder etwas Lob und er „verlangt in äußerster Härte die Einhaltung des ungeheuren Arbeitspensums"[274]:

> [D]azwischen ritt der Deichgraf auf seinem Schimmel [...] und das Thier flog mit dem Reiter hin und wieder, wenn er rasch und trocken seine Anordnungen machte, wenn er die Arbeiter lobte oder, wie es wohl geschah, einen Faulen oder Ungeschickten ohn' Erbarmen aus der Arbeit wies. „Das hilft nicht!" rief er dann; „um Deine Faulheit darf uns nicht der Deich verderben!"[275]

Schon bald ist Hauke unter den Arbeitern nur noch als der Schimmelreiter bekannt und diese lassen seine Befehle über sich ergehen, ohne weiter darauf zu reagieren. Von diesem Unwillen verunsichert fragt sich Hauke: „Hatte denn Elke recht, daß sie Alle gegen mich sind?"[276]. Aber bei seinem strikten Umgang mit den Arbeitern sowohl am Deich wie auch auf seinem Hof verwundert dies kaum:

> [I]n seinem Herzen nistete sich ein Trotz und abgeschlossenes Wesen gegen andere Menschen ein; nur gegen sein Weib blieb er allezeit der Gleiche, und

270 Harnischfeger 2000, S. 32.
271 S. 110f.
272 S. 84.
273 Harnischfeger 2000, S. 26.
274 Freund 1984, S. 73.
275 S. 107.
276 S. 108.

> an der Wiege seines Kindes lag er Abends und Morgens auf den Knieen, als sei dort die Stätte seines ewigen Heils. Gegen Gesinde und Arbeiter aber wurde er strenger; die Ungeschickten und Fahrlässigen, die er früher durch ruhigen Tadel zurecht gewiesen hatte, wurden jetzt durch hartes Anfahren aufgeschreckt [...].[277]

Nur der Umgang Haukes mit seiner Frau Elke und der kurz zuvor geborenen Tochter Wienke lassen etwas davon erahnen, dass Hauke auch einen gütigen Umgang mit seinen Mitmenschen pflegen könnte, wenn er nicht so verbissen auf die Durchsetzung seines Plans hinarbeiten würde. Seiner Tochter wendet er sich liebevoll zu, er ist bereit, „dieses Los [die geistige Behinderung der Tochter; L.M.] in Liebe für das Kind an[zu]nehmen"[278] und einfühlsam kann er auch Elke davon überzeugen: „Laß Dich nicht irren, Dein Kind, wie Du es thust, zu lieben; sei sicher, das versteht es[279]. Wienke nämlich löst in „Hauke eine Ahnung aus von dem Glück bedingungsloser Liebe"[280]. Im Gegensatz zu Trien' Jans, die in der Behinderung Wienkes eine Strafe Gottes für die Ermordung ihres Katers zu erkennen meint[281], erleben die Eltern ihr Kind immer mehr als Bereicherung, denn „wäre das Kind nicht da gewesen, es hätte viel gefehlt"[282]. Als Ausdruck einer völligen Fehlinterpretation erscheint bezogen auf die vorliegende Textpassage allerdings Wittmanns Behauptung, dass sich in Haukes Liegen an der Krippe seiner Tochter „eine äußerste Gotteslästerung"[283] zeige. Dadurch soll doch vielmehr die unbedingte Liebe Haukes zu seiner Tochter, vor allem in Anbetracht seiner ansonsten ausgeprägt emotionslosen Art, verdeutlicht werden. Gerade die ihm Untergebenen leiden aber genau darunter, dass sich Hauke nur noch auf seine Familie, vor allem auf seine Tochter besinnt, weil er alle anderen im Gegenzug allzu hart behandelt. Da erscheint es eher als Verzweiflungstat, dass „Elke [...] mitunter leise bessern"[284] geht.

Schnell macht daher das Wort die Runde, dass Hauke sich in einem Gebet für seine im Kindbettfieber liegende Frau „sein eigen Christenthum zurecht gerechnet"[285] haben soll, was der Dorfbevölkerung, die sich fast völlig von ihm abgewandt hat, Anlass zum Gerede gibt: Der Mann, der Gottes Allmacht bestritten, ein größenwahnsinniges Deich-

---

277 S. 113.
278 Roebling 2000, S. 202.
279 S. 130.
280 Freund 1984, S. 76.
281 Vgl.: S. 126.
282 S. 131.
283 Wittmann 1964, S. 74.
284 S. 113.
285 S. 109.

bauprojekt initiiert hat und in den Augen der Dorfbewohner nicht nur aufgrund seines Schimmels dem Luziferischen zugeneigt zu sein scheint, wird fortan noch kritischer beäugt und gemieden. „In der Tat ist er nun der furchterregende Schimmelreiter mit dämonischen Zügen“[286].

Als der Deichbau dann kurz vor seinem Abschluss steht, eskaliert die Situation: Die Arbeiter wollen als Bauopfer „was Lebiges“[287], einen Hund lebendig in den Deich eingraben, weil ihrer Meinung nach der Deich nur dann halten kann. Hauke, als Rationalist von klein auf solchen „Heidenlehren“[288] ohnehin schon feindlich gesinnt, rettet den Hund, verhindert so den geplanten „Frevel“[289] und „aus dem hageren Gesicht des Deichgrafen sprüht[-] der Zorn, und sie [die Arbeiter] [haben] abergläubische Furcht vor ihm“[290]. Es ist aber nicht nur Haukes aufgeklärtes Denken, sondern auch sein „verstärkt[er] Menschenhass [, der] eine Art Mitleid mit der Kreatur“[291] fördert. Wütend bricht es daher aus ihm gegen einen der Arbeiter heraus, dass das Loch besser gestopft würde, „wenn man [ihn] hineinwürfe“[292]. Indirekt bezichtigt er die Arbeiter zudem dessen, dass eine solche Opferhandlung in keinem Katechismus verzeichnet sei und unterstreicht dadurch seine Gegenposition zur gottesfürchtigen und abergläubischen Dorfbevölkerung. Wieder einmal kommt in dieser derart konfliktgeladenen Situation Hilfe von außen, diesmal in Form eines Freundes des mittlerweile verstorbenen Jewe Manners, der die Situation entspannen und die Arbeiter zur Weiterarbeit bringen kann:

> [D]er ging dort zwischen den Arbeitern, sprach zu Dem und Jenen, lachte hier Einem zu, klopfte dort mit freundlichem Gesicht Einem auf die Schulter, und Einer nach dem Andern faßte wieder seinen Spaten; noch einige Augenblicke, und die Arbeit war wieder in vollem Gange.[293]

Jewe Manners Freund zeigt Hauke auf diese Weise, wie man eigentlich mit den Arbeitern umgehen sollte: Nicht durch Härte und Hass sollte das Ziel erreicht werden, sondern durch Güte und freundliche Worte. Er kann sich auf einen guten Kontakt zu seinen Mitmenschen verlassen und sie so von der Weiterarbeit überzeugen. Diese Fähigkeit legt Hauke jedoch nicht an den Tag und verhindert durch seinen Größenwahn und

---

286 Hildebrandt 1990, S. 53.
287 S. 118.
288 S. 119.
289 S. 117.
290 S. 118.
291 Weinreich 1997, S. 54.
292 S. 119.
293 Ebd.

seine „unsolidarische Einstellung“[294], dass die Arbeiter ihn aus Überzeugung bei seinem Vorhaben unterstützen. Dennoch wird der Deich fertiggestellt, aber die Warnung des Manners-Freundes bleibt Hauke im Gedächtnis: „Nehmt Euch in Acht, Deichgraf! [...] Ihr habt nicht Freunde unter diesen Leuten“[295].

4.3.4 Die schadhafte Stelle am Deich

Als der Deich fertiggestellt ist und vom Oberdeichgrafen und seinen Mitarbeitern besichtigt wird, ist schnell klar, dass Hauke Recht hatte mit dem neuen Deichprofil, denn „der sanfte Abfall bedingt[-] einen sanfteren Anschlag“[296]. Das von Hauke seit seiner Kindheit geplante und schließlich aus Zorn initiierte Deichbauprojekt hat sich als sinnvoll erwiesen und der Kooggemeinschaft können daraus viele Vorteile und Sicherheit erwachsen. Hauke scheint sich als vorausschauender und umsichtiger Deichgraf erwiesen zu haben. Alle Anwesenden sind voll des Lobes für Hauke und die vereinzelte Kritik kann sich nicht durchsetzen. Gänzlich geht Hauke in seiner Hybris auf, als er mithört, dass ein Arbeiter den neuen Koog nicht, wie offiziell vorgesehen, als *Carolinenkoog*, sondern als *Hauke-Haienkoog* bezeichnet:

> „Hauke-Haienkoog! Hauke-Haienkoog!“ In seinen Gedanken wuchs fast der neue Deich zu einem achten Weltwunder; in ganz Friesland war nicht seines Gleichen! Und er ließ den Schimmel tanzen, ihm war, er stünde inmitten aller Friesen; er überragte sie um Kopfeshöhe, und seine Blicke flogen scharf und mitleidig über sie hin.[297]

Hauke Haien hat den Beweis erbracht: Er hat ein wahnwitziges Deichprojekt durchgesetzt, über die Köpfe seiner Mitmenschen hinweg und allen Einwänden zum Trotz. In der Benennung des neuen Koogs nach seinem Namen sieht er die Anerkennung seiner Mitmenschen greifbar gemacht und hat in seinem Übermut nun allen Grund zur „Selbstfeier“[298]; seine Mitmenschen sieht er unter sich stehen und er bemitleidet sie. Sein eigentlicher Antrieb war schon seit Beginn der richtigen Planungen nicht mehr der Nutzen für die Gemeinschaft, sondern ausschließlich das eigene Prestige.

Haukes Hochgefühl soll jedoch nicht ewig anhalten, denn einige Jahre später erkrankt er am Marschfieber, das ihn bis an den „Rand der Gru-

294 Freund 1984, S. 77.
295 S. 118.
296 S. 121.
297 S. 122.
298 Freund 1984, S. 75.

be"[299] bringt und als er sich wieder einigermaßen erholt hat, liegt die „Mattigkeit des Körpers [...] auch auf seinem Geiste"[300]. Er hat einiges von seinem früheren Ehrgeiz und Durchsetzungswillen eingebüßt und das hat schwerwiegende Folgen, als umfassende Reparaturen am neuen Deich unausweichlich werden. Denn im Falle einer neuerlichen Sturmflut müsste „der Hauken-Haienkoog [...] preisgegeben und der neue Deich durchstochen werden"[301]. Erstmals in seinem Leben etwas vor Elke verheimlichend, erläutert Hauke den Deichgevollmächtigten, unter ihnen Ole Peters, das Problem, woraufhin vor allem Letzterer seine Bedenken gegen Haukes Reparaturplan kundtut. Die Situation gestaltet sich schwierig, denn

> hinter den immerhin noch gemäßigten Worten, die er [Hauke; L.M.] eben hörte, lag - er konnte es nicht verkennen - ein zäher Widerstand, ihm war, als fehle im dagegen noch die alte Kraft.[302]

Daher nimmt Hauke den Vorschlag Oles an, sich die schadhafte Stelle noch einmal bei besserer Witterung anzuschauen und dann zu entscheiden, ob umfassende oder nur geringfügige Reparaturen notwendig seien. Nach einer neuerlichen Inspektion erscheint das Problem dann auch als nicht so groß, denn der geschwächte Hauke weiß nicht, „wie uns die Natur mit ihrem Reiz betrügen kann"[303]. Die minimalen Reparaturen werden beschlossen und durchgeführt, doch Hauke wird diesbezüglich immer „unruhiger"[304]. Freund meint, dass diese Aspekte Haukes Handeln nur auf einer oberflächlichen Ebene erklären und bekräftigt demgegenüber, dass er „sich nicht aus Mangel an Sachkenntnis und Entschlußkraft gegen die notwendigen Reparaturen [entscheidet], sondern aus übergroßer Selbstliebe"[305]. Zudem zeige sich in der schadhaften Nahtstelle zwischen altem und neuem Deich symbolisch Haukes mangelnde Bezugnahme auf die Vergangenheit in seinem ehrgeizigen Projekt. Im Gegensatz zu Freund sollte hier aber darauf insistiert werden, dass Hauke „nicht die Kraft [hat,] gegen diesen Widerstand [der Deichgevollmächtigten; L.M.] anzukämpfen"[306], dass er im falschen Moment „schwach und nachgiebig"[307] handelt. Diese Auffassung deckt sich auch

299 S. 135.
300 Ebd.
301 S. 137.
302 S. 139.
303 S. 140.
304 Ebd.
305 Freund 1984, S. 77.
306 Hildebrandt 1990, S. 54.
307 Weinreich 1997, S. 55.

mit der von Storm selbst, die dieser in einem Brief an Ferdinand Tönnies (7. April 1888) vermittelt:

> Wenn die Katastrophe aus der Niederlage des Deichgrafen im Kampfe der Meinungen stärker hervorgehoben würde, so würde seine Schuld wohl zu sehr zurücktreten. Bei mir ist er körperlich geschwächt, des ewigen Kampfes müde, und so lässt er einmal gehen, wofür er sonst stets im Kampf gestanden; es kommt hinzu, dass seine zweite Besichtigung bei heller Sonne die Sache weniger bedenklich erscheinen lässt. Da aber, während Zweifel und Gewissensangst ihn umtreiben, kommt das Verderben. **Er trägt eine Schuld, aber eine menschlich verzeihliche.**"[308]

Große Schuld trägt Hauke aber insofern, als er schon vor Baubeginn wusste, dass genau diese Stelle nicht vollständig zu schließen sein würde und „darum [...] nicht daran gerührt werden"[309] dürfe. Den Einwand Elkes hatte er damals damit abgewehrt, da dies nur „ein Vorwand für die Faulen"[310] sei[311]. Ihm selbst ging es aber seit Oles verleumderischem Gerede nur noch um die Wiederherstellung seiner Ehre und nicht um den Nutzen für die Gemeinschaft.

4.3.5 Sturmflut und Untergang

Haukes Schuld und sein Versagen werden besonders deutlich, als tatsächlich eine Sturmflut hereinbricht und das Dorf bedroht. Sie wird von Unheilszeichen angekündigt: Mit den prophetisch anmutenden Worten „Gott gnåd de Annern"[312] verstirbt die alte Trien' Jans und mitten im Hochsommer fällt plötzlich „Geschmeiß"[313] vom Himmel und es scheint sogar Blut zu regnen. Der in den Jahren davor herrschende Schein-Friede zwischen Hauke und den Dorfbewohnern endet, als die von Hauke aufgestellten Deichwachen einer Anweisung Ole Peters folgend beginnen, den neuen Deich, „seine[n] Deich"[314] zu durchstechen, um dadurch den alten zu entlasten. So sinnvoll diese Maßnahme auch erscheint – denn es würde nur der unbewohnte Koog geflutet werden, das Dorf hingegen wäre gerettet - so uneinsichtig zeigt sich Hauke und verhindert den Durchbruch, „klammert sich [...] noch ein letztes Mal an seinen Deich"[315]. In der Illoyalität der Wachen zeigt sich, dass Hauke es wäh-

---

308 Zitiert nach: Weinreich 1997, S. 56. Hervorhebungen durch L.M.
309 S. 82.
310 Ebd.
311 Vgl.: Weinreich 1997, S. 54f.
312 S. 143.
313 S. 144.
314 S. 152.
315 Freund 1984, S. 78.

rend des gesamten Projekts nicht verstanden hat, Kollegialität und Vertrauen zwischen sich und den ihm untergebenen Arbeitern aufzubauen und auch Freund ist sich sicher, dass das hier eine „Katastrophe [ist], die nur der von echtem Gemeinschaftsgefühl getragene, hochbegabte Einzelne hätte abwenden können, wenn er seines Amtes besser gewaltet hätte“[316]. Sein unsoziales, egoistisch motiviertes Handeln und seine Selbstbezogenheit rächen sich so in aller Härte. Haukes bis zuletzt anhaltendes Bedürfnis, sich durch seinen Deich vor seinen Mitmenschen zu beweisen, anstatt die Liebe, die Sorge um die Mitmenschen, zu seiner obersten Handlungsmaxime zu erklären, treibt ihn und alle anderen in die Katastrophe. „Euere Schuld, Deichgraf! [...] Euere Schuld! Nehmt's mit vor Gottes Thron!“[317] ruft ihm deshalb einer der Deichwachen zu, als das Meer hereinbricht.

Hauke selbst sieht seine Schuld jedoch nicht hierin, sondern darin, dass er sich im Sommer zuvor nur auf die geringfügigeren Reparaturmaßnahmen eingelassen und seinen Vorschlag nicht durchgesetzt hat. Er ist sich sicher und bekennt: „Herr Gott, ja ich bekenn' es, [...] ich habe meines Amtes schlecht gewartet!“[318]. Er ist sich daher auch sicher, dass dies „eine Sündfluth [ist], um Thier' und Menschen zu verschlingen“[319], als Strafe für seine schlechte Amtsführung. Als er dann sieht, wie seine Frau und Wienke mitsamt dem Hund von der Flut fortgerissen werden, stürzt er sich und seinen Schimmel mit den Worten „Herr Gott, nimm mich; verschon' die Andern!“[320] in die Fluten:

> Noch ein Sporenstich; ein Schrei des Schimmels, der Sturm und Wellenbrausen überschrie; dann unten aus dem hinabstürzenden Strom ein dumpfer Schall, ein kurzer Kampf.
> Der Mond sah leuchtend aus der Höhe; aber unten auf dem Deiche war kein Leben mehr, als nur die wilden Wasser, die bald den alten Koog fast völlig überfluthet hatten. Noch immer aber ragte die Werfte von Hauke Haien's Hofstatt aus dem Schwall hervor, noch schimmerte von dort der Lichtschein, und von der Geest her, wo die Häuser allmälig dunkel wurden, warf noch die einsame Leuchte aus dem Kirchthurm ihre zitternden Lichtfunken über die schäumenden Wellen.“[321]

In der Forschung existieren viele Deutungsansätze, die Haukes Selbstmord durch Opferpraxis erklärt wissen wollen:

---

316 Ebd.
317 S. 154.
318 Ebd.
319 S. 155.
320 S. 157.
321 Ebd.

Freund sieht darin ein Selbstopfer als „Sühne für ein egoistisch verfehltes Leben und den radikale[n] Versuch einer Wiedergutmachung"[322]. Im letzten Moment bekenne sich Hauke zur Liebe zu den Mitmenschen, reife dadurch schlussendlich doch noch zum Menschen als einem sozialen Wesen. Auch Hildebrandt vertritt die These vom „Opfertod"[323] als Folge eines „sonst nicht gekannte[n] Gemeinschaftsgefühl[s]" (ebd.). Hauke wolle sich dadurch wieder mit der Gemeinschaft aussöhnen, von der er sich bis dahin immer abzuheben versucht hat, und wolle seine Schuld so begleichen. Weinreichs Deutung geht in die gleiche Richtung, jedoch betont er darüber hinaus die Selbstopferhandlung als „abergäubische[s] Ritual"[324] zur Rettung derer, in denen er immer Feinde hat sehen wollen. Daraus spreche der verzweifelte Ruf nach Wiederannäherung und Versöhnung. Vor dem Hintergrund dieser Deutungen ist es nur logisch, wenn Hauke Haiens Selbstmord als eine Überbietung des verhinderten Deichopfers gesehen wird[325]. Auch Cowen sieht in Haukes Freitod einen Rettungsversuch für seine Mitmenschen, erweitert den Blick aber insofern, als er den Sühnecharakter von Haukes Handlung für seinen „frevelhafte[n] Größenwahn"[326] stärker hervorhebt.

U. Henry Gerlach zieht die Theorie vom Opfertod in Zweifel und fragt im Gegenzug äußerst spitzfindig: „Was wäre im Moment von Haukes Tod noch zu retten"[327], wofür sich Hauke opfern könnte? Im Grunde sei sowieso schon erheblicher Schaden für die Gemeinde entstanden, woran auch Haukes vermeintliches Opfer nichts mehr ändern könne. Er empfiehlt daher, Haukes letzten - durch ein Semikolon gegliederten - Bittruf als zwei separate Bitten aufzufassen: Aus einem „Nimm mich [dafür aber] verschon die andern!"[328] - und so wird der Satz oft gedeutet - wird so ein „Nimm mich [und] verschon die andern!"[329]. Anstatt einer Opferhandlung, der ein bestimmter Zweck zugrunde liegt, hat man es nun mit einer Sühnehandlung zu tun. Dadurch muss nicht mehr von einem Opfertod gesprochen werden, der ohnehin nicht dem Kern christlichen Glaubens entspricht.

Bringt man diese unterschiedlichen Argumentationsrichtungen nun in Einklang miteinander, fasst Hauke seinen Selbstmord als Sühnetod für

322 Freund 1984, S. 79.
323 Hildebrandt 1990, S. 56.
324 Weinreich 1997, S. 56.
325 Vgl.: Harnischfeger 2000, S. 37.
326 Cowen 1985, S. 315.
327 Gerlach 1999, S. 114.
328 Ebd.
329 Ebd.

seine schlechte Amtsführung auf: Er sühnt damit seine Fehler und will, dass die Mitmenschen weiterleben, denn sie haben sich nicht schuldig gemacht. Ausdrücklich ist damit keine Opferhandlung gemeint, denn Hauke behandelt seinen Sühnetod und den Wunsch für das Überleben seiner Mitmenschen getrennt. Darüber hinaus ist er sich zu keinem Zeitpunkt darüber im Klaren, dass seine wirkliche Schuld tiefer greift als seine mangelnde Durchsetzungsfähigkeit bezüglich der notwendigen Reparatur des Deiches. Vielmehr scheint Hauke seine Überheblichkeit und sein unsoziales Verhalten auszuklammern, wie sein „unwillkürliches Jauchzen“[330] und seine Gewissheit darüber, dass sein Deich diese Sturmflut und noch viele Jahrzehnte überdauern wird, zeigen. Dem Anschein nach ist es Hauke gleich, was mit dem alten Deich geschieht, denn ihm geht es nur darum, dass sein Deich sicher steht als Bestätigung seiner Fähigkeiten. Ein Fehlverhalten kann oder will er aufgrund seines Größenwahns nicht erkennen[331].

Mitgegeben sei an dieser Stelle darüber hinaus der Hinweis, dass Hauke kurz zuvor seine Familie hat ertrinken sehen und darauf nur mit den Worten „Das Ende!“[332] reagieren kann. Mit dem Tod seiner Familie reißt auch der soziale Kontakt ab, der ihm als einziger immer etwas bedeutet hat. Es ist fragwürdig, ob Hauke vor diesem Hintergrund überhaupt noch an einer Aussöhnung mit den Übriggebliebenen interessiert ist. In seinen Selbstmord spielt in jedem Fall zwangsweise höchste Verzweiflung und Resignation wegen des Untergangs seiner Familie mit hinein.

Es bleibt festzuhalten: Schon zu Beginn seines Lebens zeigt sich in Hauke eine einseitige Akzentuierung seines theoretisch-abstrakten Denkens. Damit einher gehen ein extremer Ehrgeiz, eine zunehmende Ablehnung gegenüber der Natur und dem Sinnhaften sowie Tendenzen zur selbstgewählten sozialen Isolation. Den Aberglauben seiner Mitmenschen lehnt Hauke ab und bereits als Jugendlicher will er Deichgraf werden und die Natur durch ein neues Deichprofil bezwingen. Durch seinen Ehrgeiz und seine Fähigkeiten wird ihm schnell die Anerkennung seiner Mitmenschen zuteil und es scheint, als könnte er ein Leben in sozialer Integration und ein erfüllte Beziehung mit Elke führen. Doch vor allem Ole Peters Antipathie und die immer wieder aufflammenden Vorbehalte der Dorfbewohner gegenüber dem neuen Deichgrafen Hauke sind es, durch die letztlich der Ehrgeiz des jungen Manns herausgefordert und

330 S. 155.
331 Vgl.: Malsch 2007, S. 112.
332 S. 157.

seine ohnehin eher schwachen Bindungen zur Dorfgemeinschaft zerstört werden. Mit einem egoistischen Deichbauprojekt, das er rücksichtslos durchsetzt, zieht er die endgültige Abneigung vieler auf sich. Nur seine Frau und vor allem seine Tochter erfahren noch so etwas wie Liebe oder Zuneigung von ihm, alle anderen missachtet er. Dies führt auf Seiten der Dorfbevölkerung dazu, dass man Hauke verstärkt mit dem Übernatürlichen, dem Teuflischen in Verbindung bringt. Seine Schuld am Bruch des Deiches sieht Hauke nur darin, dass er einmal eine falsche Entscheidung getroffen hat. Dafür will er sühnen und seine Mitmenschen sollen gerettet werden. Darin ist aber keine Selbstopferung zu sehen, denn er verknüpft beide Bitten nicht miteinander. Er kann oder will nicht erkennen, dass sein extremer Ehrgeiz und seine Rücksichtslosigkeit beim Deichbau viel schwerer wiegen.

4.4 Elemente des Übernatürlichen und der Aberglaube

Wie festgestellt wurde, spielt der Aberglaube der Dorfbewohner eine nicht unwesentliche Rolle dabei, dass sich der Konflikt zwischen Hauke Haien und der Dorfgemeinschaft verschärft. Darüber hinaus lehnt Hauke den Aberglauben schon in seiner Kindheit ab. Aber auch an anderen Stellen im *Schimmelreiter* werden abergläubische Motive und Denkmuster thematisiert oder tauchen Elemente des Übernatürlichen auf. Im Folgenden soll der Versuch unternommen werden, diese Elemente aufzuzeigen und zu interpretieren.

4.4.1 Übernatürliche Momente in der zweiten Rahmenerzählung

Bereits zu Beginn der zweiten Erzählebene wird der Leser mit dem Übernatürlichen konfrontiert. Zunächst nennt der Reisende die Zeit und den Ort seines Erlebnisses und schildert dabei die Natureindrücke: Er sieht „nichts als die gelbgrauen Wellen“[333], hört das „Wuthgebrüll“[334] der Wellen und kann mit seinen von der Eiseskälte „verklommenen Hände[n]“[335] nur mit Not die Zügel seines Pferdes halten, nennt also empirische Fakten. Diese realistische Erzählweise ändert sich auch dann nicht, als ihm plötzlich etwas entgegen geritten kommt. Zunächst signalisiert er noch eine gewisse Unsicherheit, da er die Gestalt anfangs noch nicht klar erkennen kann, doch schon bald ist er sich sicher:

333 S. 10.
334 Ebd.
335 Ebd.

> [...] da sie näher kam, sah ich es, sie saß auf einem Pferde, einem hochbeinigen hageren Schimmel; ein dunkler Mantel flatterte um ihre Schultern, und im Vorbeifliegen sahen mich zwei brennende Augen aus einem bleichen Antlitz an.
> [...] Und jetzt fiel mir bei, ich hatte keinen Hufschlag, kein Keuchen des Pferdes vernommen; und Roß und Reiter waren doch hart an mir vorbeigefahren![336]

Der Reiter ist sich sicher, dass jemand an ihm vorbeigeritten ist, davon zeugt seine detaillierte Beschreibung. Aber er ist äußerst irritiert dadurch, dass der andere Reiter keine Geräusche verursacht hat. Eine Sinnestäuschung ist auszuschließen, auch deswegen weil er noch nie von dem Schimmelreiter gehört hat, von dem kurz darauf im Wirtshaus erzählt wird. Einschränkend muss hierzu jedoch beachtet werden, dass durch die schlechte Witterung eine Sinnestäuschung immerhin noch denkbar ist und nicht gänzlich ausgeschlossen werden kann[337]. Das ungute Gefühl des Reisenden bezüglich der Erscheinung bestätigt sich allerdings im Gasthaus, als auf seine Schilderung hin eine „Bewegung des Erschreckens“[338] durch die Gesellschaft geht. In der zweiten Unterbrechung der Binnenerzählung meint der Erzähler zudem, ebenso wie die anderen Anwesenden, den „Reiter auf seinem Schimmel [am Fenster] vorbeisausen“[339] zu sehen. Hinzu kommt, dass in der dritten Unterbrechung zwei Deichwachen eintreten und bekunden, dass „der Schimmelreiter [...] sich in den Bruch gestürzt“[340] habe. Die beiden Männer, zwei „sichere Leute“[341], wussten zum Zeitpunkt ihrer Beobachtung nichts von der Begegnung des Reisenden. Es ist demnach ausgeschlossen, dass ihr Urteil durch seine Anwesenheit beeinflusst worden ist[342]. Selbst der dem Aberglauben so kritisch gegenüberstehende Schulmeister formuliert in keinem der drei Fälle einen Einwand gegen die Urteilskraft der Berichtenden oder Beobachtenden und akzeptiert dies stillschweigend vielleicht sogar als die Wahrheit.

Da in der zweiten Rahmenerzählung drei unterschiedliche Personen(-gruppen) das tatsächliche Auftreten des Schimmelreiters betätigen, kann

336 S. 11.
337 Vgl.: Hildebrandt 1990, S. 76; Freund 1984, S. 45.
338 S. 13.
339 S. 23.
340 S. 63.
341 S. 13.
342 Vgl.: Weinreich 1997, S. 62f.

zurecht von einer „[e]chte[n] *Realpräsenz*“[343] des Schimmelreiters auf der zweiten Erzählebene gesprochen werden[344].

4.4.2 Übernatürliches und Aberglaube in der Schulmeister-Erzählung

Oftmals wird Hauke Haien in der Binnenerzählung mit irrationalen und abergläubischen Denkweisen konfrontiert. Der ansonsten so rationale Hauke hat schon in seiner Kindheit ein merkwürdiges Erlebnis, als er am Deich steht und im Watt norwegische Seegespenster zu sehen glaubt:

> Auf jenen Stellen war jetzt das Eis gespalten; wie Rauchwolken stieg es aus den Rissen, und über das ganze Watt spann sich ein Netz von Dampf und Nebel, das sich seltsam mit der Dämmerung des Abends mischte. Hauke sah mit starren Augen darauf hin; denn in dem Nebel schritten dunkle Gestalten auf und ab, sie schienen ihm so groß wie Menschen. Würdevoll, aber mit seltsamen, erschreckenden Gebärden; mit langen Nasen und Hälsen sah er sie fern an den rauchenden Spalten auf und ab spazieren; plötzlich begannen sie wie Narren unheimlich auf und ab zu springen, die großen über die kleinen und die kleinen gegen die großen; dann breiteten sie sich aus und verloren alle Form.[345]

Auf sein Rufen reagieren die Gestalten, die sich später als Fischreiher und Krähen auf Nahrungssuche herausstellen werden, nicht, doch Hauke stellt sich „[t]rotzig, wenn auch verunsichert“[346] seiner Angst, „bohrt[-] die Hacken seiner Stiefel fest in den Klei des Deiches“[347] und geht erst nach Hause, als er wegen der Dunkelheit nichts mehr sehen kann. Mit dieser Einstellung gegenüber dem Übernatürlichen und dem Aberglauben tut er es seinem Vater gleich, der sich tags zuvor noch dagegen gewehrt hat, dass einige angetriebene Wasserleichen von abergläubischen Dorfbewohnern als „Seeteufel“[348], also als der Unterwelt zugehörig, bezeichnet werden. So „widersteht er [Hauke; L.M.] dem geheimnisvollen Gaukelspiel“[349] und erkennt, dass er eigentlich nur Zeuge eines „verwirrende[n] Naturschauspiel[s]“[350] geworden ist.

Viele Jahre später kommt es zur Episode mit dem Spuk auf Jevershallig[351] – im Übrigen eine der wenigen Passagen in der Binnenerzählung,

343 Meier 2002, S. 173.
344 Vgl. auch: Silz 1955, S. 16.
345 S. 22.
346 Weinreich 1997, S. 65.
347 S. 22.
348 S. 21.
349 Weinreich 1997, S. 65.
350 Ebd.
351 S. 85-91.

in der Hauke nicht auftritt – in deren Zuge sich Carsten und Iven Johns zur Jeverhallig begeben, da sie dort ein umherlaufendes Pferdegerippe zu erkennen meinen. Während Carsten nachts mit einem Boot übersetzt und dort nur die Gerippe einiger Schafe, eines Pferdes und einen Kiewiet vorfindet, wartet Iven auf dem Deich und glaubt zu beobachten, wie sich das daliegende Pferdegerippe erhebt und auf Carsten zuschreitet. Als dieser wieder zurück auf dem Deich ist, erfüllt Ivens Bericht ihn mit „Entsetzen“[352] und beide kommen zu dem Schluss:

> „[W]ir wollen nach Haus: von hier aus geht's wie lebig, und drüben liegen nur die Knochen – das ist mehr, als Du und ich begreifen können. Schweig aber still davon, man darf dergleichen nicht verreden!“[353]

Beide Männer sind anfangs fest entschlossen, den Spuk von Jevershallig aufzuklären und wollen sich nicht mit abergläubischen Deutungsmustern zufrieden geben. Anhand ihrer Beobachtungen sollten sie eigentlich auch zu dem vernunftgeleiteten Schluss kommen, dass der Spuk erst durch „Licht-, Luft- und Entfernungsverhältnisse“[354] entsteht, somit eigentlich eine Sinnestäuschung ist. Sie jedoch können sich keinen Reim darauf machen und greifen zur abergläubischen Deutung[355].

Umso mehr verwundert es, dass Carsten, der Kleinknecht Haukes, im Schimmel seines Dienstherren das wiedererstandene Gerippe von der Jevershallig zu erkennen glaubt, bloß weil dieses zeitgleich mit dem Schimmelkauf scheinbar von der Jevershallig verschwindet. Carsten stellt damit einen Zusammenhang her, der mit rationalem Denken nicht herstellbar ist. Iven John denkt sich weiter nichts bei diesen zwei Ereignissen und ist von Carstens Vermutung irritiert: „Wie kann so ein Allerweltsjunge wie du in solch' Altemweiberglauben sitzen!“[356]. Iven John tritt hier rational auf, indem er die Geschehnisse auf Jevershallig zwar durchaus als schwer erklärbar anerkennt, sie aber nicht wie Carsten ohne wirklichen Anlass mit dem Schimmelkauf in Verbindung bringt[357]. Carsten kündigt indessen aus Angst vor dem Schimmel den Dienst bei Hauke und findet eine neue Anstellung bei Ole Peters, wo er „andächtige Zuhörer für seine Geschichte von dem Teufelspferd des Deichgrafen“[358] findet und damit „behagliche[s] Gruseln“[359] bewirkt. Dieser Umstand

352 S. 91.
353 Ebd.
354 Weinreich 1997, S. 66.
355 Vgl.: Weinreich 1997, S. 66f; Freund 1984, S. 55.
356 S. 98.
357 Vgl.: Weinreich 1997, S. 67.
358 S. 98.
359 Ebd.

verdeutlicht, dass sich Teile der Dorfbevölkerung in ihrem Aberglauben regelrecht wohl fühlen.

Ähnlich läuft die irrationale Verknüpfung zweier Begebenheiten, die eigentlich in keinem kausalen Zusammenhang zueinander stehen, an anderer Stelle ab: Nach der Ermordung ihres Katers hat Trien' Jans Hauke ja bekanntlich mit den Worten „Du sollst verflucht sein!“[360] verdammt. Stellt dieser aus dem Leid erwachsene Ausruf an sich schon ein Produkt abergläubischen Denkens dar, so verwundert das Verhalten der alten Frau, die von Hauke als „Hexe“[361] bezeichnet wird, zu einem späteren Zeitpunkt umso mehr. Als sie bei ihrer ersten Begegnung mit Wienke deren geistige Behinderung erkennt, glaubt sie dahinter einen rächenden Gott zu erkennen: „Du strafst ihn, Gott der Herr! Ja, ja, Du strafst ihn!“[362]. Durch ihre Verfluchung Haukes und die unzulässige kausale Verknüpfung dieser mit der Behinderung seiner Tochter präsentiert sich Trien' Jans als dem Aberglauben nahe stehend.

Den Aberglauben anregende Elemente weist auch der Kauf des Schimmels auf, wobei die dem Aberglauben zugetane Dorfbevölkerung davon nichts erfährt. Hauke kauft das Pferd ohne nachzudenken einem „ruppige[n] Kerl“[363] ab, und zwar für dreißig Taler, für genau den Betrag, den Judas für den Verrat Jesu erhielt. Zudem wird der Handel per Handschlag zwischen Hauke und dem obskuren Händler besiegelt, dessen Hand „fast wie eine Klaue“[364] wirkt. Als Hauke mit dem völlig ausgemergelten Schimmel davon reitet, lacht ihm der zwielichtige Kerl „wie ein Teufel“[365] hinterher. Vermutlich kommt in der Schilderung des Schimmelkaufs etwas von dem „Geschwätz des ganzen Marschdorfes“[366] zum Tragen, von dem sich der Schulmeister eigentlich distanzieren möchte. Dadurch wird der Akzent auf das Übernatürliche, das Diabolische gelegt und so eine Vorbereitung dafür getroffen, dass Hauke später im Denken der Menschen zum Teufelspaktierer verklärt werden kann. Damit ist aber keine Aussage darüber getroffen, dass Hauke beim Schimmelkauf tatsächlich mit dem Übernatürlichen konfrontiert worden ist.

360 S. 26.
361 S. 143.
362 S. 126.
363 S. 94.
364 S. 95.
365 Ebd.
366 S. 85.

Schon bald wird der Schimmel tatsächlich in die Nähe des Teuflischen gerückt, wenn etwa Iven Johns, offensichtlich immer noch von den Ereignissen auf der Jevershallig beeindruckt, von dem Schimmel niedergeworfen wird und bemerkt „[D]en Schimmel reit' der Teufel“[367]. Hauke entgegnet darauf lakonisch: „Und ich“[368]. Er kümmert sich intensiv um das Tier und reitet viel mit ihm aus, beide scheint nichts voneinander trennen zu können. In der Wahrnehmung vieler Dorfbewohner verschmelzen der Schimmel und sein Reiter sogar im Wortlaut zu einem Wesen, „das Pferd [scheint] völlig eins mit seinem Reiter“[369] zu werden, wie sich auch später für die Arbeiter am Deich herausstellt: „Frisch zu! Der Schimmelreiter kommt!“[370]. Das Pferd wirkt auf die Arbeiter am Deich so, „als ob es Böses vorhabe“[371], und das, obwohl kurz zuvor noch „ruhig wie ein Lamm“[372] dagestanden hat. Die bösen Absichten werden in der Folge auch dem Reiter unterstellt.

Den endgültigen Beweis für die teuflischen Absichten des Deichgrafen und seines Schimmels wollen die Menschen schließlich damit bewiesen wissen, dass Hauke für die im Kindbettfieber liegende Elke ein Gebet spricht, in dem er an Gottes Allmacht zweifelt. Hauke, der „sich sein eigen Christenthum zurecht gerechnet“[373] hat, wird fortan nur noch als „Gottesleugner“[374] verschrien und für alle ist das Gebet auch der Beweis dafür, dass „die Sache mit Teufelspferde [...] am Ende“[375] wohl doch wahr ist. Eine entscheidende Rolle in diesem Zusammenhang spielen die sogenannten Konventikler, eine sektiererische Bewegung:

> Das damals stark im Schwange gehende separatistische Konventikelwesen hatte auch unter den Friesen seine Blüten getrieben; heruntergekommene Handwerker oder wegen Trunkes abgesetzte Schulmeister spielten darin die Hauptrolle, und Dirnen, junge und alte Weiber, Faulenzer und einsame Menschen liefen eifrig in die heimlichen Versammlungen, in denen jeder den Priester spielen konnte.[376]

Gescheiterte Existenzen am Rande der Gesellschaft sind der Erzählung des Schulmeisters folgend wesentlich mitverantwortlich dafür, dass der

---

367 S. 97.
368 Ebd.
369 S. 96.
370 S. 107.
371 S. 108.
372 S. 107.
373 S. 109.
374 S. 111.
375 Ebd.
376 S. 81.

an sich so rationale und aufgeklärte Hauke schlussendlich zum Schimmelreiter, der mit dem Bösen im Bunde steht, gemacht und auch in der Erinnerung der Menschen als Spukgestalt weiterleben wird[377]. Der Schulmeister macht keinen Hehl daraus, wie absurd es auf ihn wirkt, dass der visionäre Aufklärer Hauke Haien letztlich von solchen Menschen zu einer Spukgestalt gemacht wird und die „Verteufelung und Dämonisierung Haukes erscheint durch die herabsetzende Darstellung der Konventikler zurückgenommen und nachhaltig entwertet“[378]. Dennoch muss die Mitschuld besonders der Konventikler an Haukes Scheitern betont werden.

Im Vorfeld der Sturmflut schließlich kommt es „drüben, an der andern Seite“[379] zu bizarren Naturphänomenen, die das drohende Unheil anzukündigen scheinen. Neben „Fliegen und Geschmeiß“ (ebd.) fällt angeblich „Blut [...] wie Regen vom Himmel“[380]. Auch findet der Pastor dem Gerede im Dorf zufolge in seinem Waschbecken „fünf Todtenköpfe, wie Erbsen groß“[381]. Wichtig ist hierbei, dass diese Informationen in Figurenrede vermittelt werden und so als „das abergläubige Geschwätz“[382] des Marschdorfes gekennzeichnet sind. Es sind zwar nicht alle diese Phänomene erklärbar, doch bleibt auch kein Zweifel daran, dass der Schulmeister diese angeblich wahren Begebenheiten in den Bereich des Geredes und des Aberglaubens rückt. Dennoch verdichten sich hierbei Schein und Sein zu einem „unheimlichen Gesamtbild“[383].

Angefangen von den beiden Erlebnissen Haukes mit den Wasserleichen und den mutmaßlichen Seegespenstern bis hin zum Spuk auf Jevershallig hat man es demnach mit Ereignissen zu tun, die auf den ersten Blick übernatürlich erscheinen und den Aberglauben des jeweiligen Beobachters ansprechen. Bei genauerer Betrachtung erweisen sie sich aber teilweise als reale Phänomene und eine übernatürliche Deutung wirkt dadurch obsolet. Bei der Verteufelung Haukes und des Schimmels im Zusammenhang mit dem Schimmelkauf und Haukes Gebet wiederum werden Ereignisse miteinander in Verbindung gebracht, die rein logisch eigentlich nicht miteinander verknüpft werden können. Teilweise kommentiert der Schulmeister solche Begebenheiten, beispielsweise wenn er die Konventikler – als Mitgrund für den Aberglauben – als gescheiterte

377 Vgl. Schuster 1971, S. 181.
378 Freund 1984, S. 57.
379 S. 144.
380 Ebd.
381 Ebd.
382 S. 145.
383 Weinreich 1997, S. 68.

Existenzen diffamiert. Insofern kann man festhalten, dass irrationale Deutungsmuster vom Schulmeister als nicht mehr zeitgemäße Ausformungen des Aberglaubens diskreditiert[384] und „Spukhaftes als meistens rational erklärbar"[385] dargestellt werden sollen. In dieselbe Richtung zielt auch die Verhinderung des Deichopfers[386], auch, um zu verdeutlichen, dass der althergebrachte Opferbrauch keinen rationalen Kern hat. Trien' Jans irrationale Verknüpfung ihrer Verfluchung Haukes mit der geistigen Behinderung seiner Tochter ist als Beispiel für die im Marschdorf vorliegende Neigung zum Aberglauben zu sehen.

Doch gibt es in der Schulmeister-Erzählung auch Geschehnisse, die sich nicht ohne weiteres rational erklären lassen. Dazu zählen einige Phänomene, in denen man Vorboten oder Vorahnungen der Flutkatastrophe sehen kann. Als Elke im Kindbettfieber liegt, spricht sie wie im Wahn: „Wasser! Das Wasser! [...] In See, ins Haf hinaus? O, lieber Gott, ich seh' ihn nimmer wieder!"[387]. Dies wird jedoch von niemandem der Anwesenden als Vorahnung aufgegriffen. Ebenso verhält es sich, als Hauke mit Wienke auf den Deich geht und sie „ihre Augen fest auf den Boden"[388] richtet, „als sähe sie erschrocken in einen Abgrund"[389] - dahinter steckt die Vorahnung, zumindest jedoch die berechtigte Angst vor einem Deichbruch. Lediglich die letzten Worte der sterbenden Trien' Jans „Hölp mi! Hölp mi! Du bist ja bawen Water ... Gott gnad de annern!"[390] zieht ausgerechnet Hauke als Prophetie in Betracht und wiederholt sie sinngemäß in der Sturmflutnacht mit den Worten „Herr, mein Gott, sei gnädig mit uns Menschen!"[391] und „Herr Gott, nimm mich; verschon' die Andern!"[392]. Diese Begebenheiten können als ein „dreifache[s] Omen"[393] verstanden werden, durch das der Leser dahingehend sensibilisiert werden soll, dass er das, was sich seinem begrenzten menschlichen Verstand entzieht, als gegeben akzeptieren und nicht als wortwörtliche *Un-Vernunft* abtun soll. Es sind nämlich gerade die tendenziell abergläubi-

384 Vgl.: Freund 1984, S. 59.
385 Hildebrandt 1990, S. 83.
386 S. 117f.
387 S. 110.
388 S. 134.
389 Ebd.
390 S. 143.
391 S. 155.
392 S. 157.
393 Weinreich 1997, S. 68.

schen Denkmuster, die von einer sensiblen Wahrnehmung der Realität zeugen und - gewollt oder nicht - auf das Unglück vorausweisen[394].

Abergläubische Denkmuster können aber nicht nur Ausdruck einer Vorahnung sein, sondern sinnbildhaft Probleme des Menschseins verdeutlichen, wie Trien' Jans Erzählung von der Wasserfrau[395] zeigt. Anfangs weist sie noch darauf hin, dass sie das Gefangensein der Wasserfrau einst selbst miterlebt habe, schließlich heißt es aber, dass ihr das von ihrem Großohm erzählt worden sei. Hauke tut die Geschichte aufgrund dieser Widersprüche bloß als „Märe[-]“[396], als abergläubisches Gerede ab. Trien' ist das jedoch „egal“ (ebd.). Vielleicht, weil sie durch diese Geschichte, oder besser durch dieses Märchen, etwas auszudrücken versucht, nämlich „das Abgeschlossensein und die Verlassenheit der Kreatur“[397], des Menschen. Neben der Allgemeingültigkeit der dahinter stehenden Aussage kann das Märchen aber auch auf einzelne Figuren bezogen sein, die ein Gefühl der Einsamkeit aushalten müssen, wie etwa Trien' Jans selbst, Wienke oder Hauke. Dies bewegt sich jedoch im Bereich der Spekulation.

4.4.3 Die Funktion des Übernatürlichen und die Rahmung

Der Leser wird im *Schimmelreiter* mehrfach mit irrational-abergläubischen Denkweisen und übernatürlichen Geschehnissen konfrontiert. In der zweiten Rahmenerzählung reitet der Schimmelreiter tatsächlich durch den Handlungsraum und gibt so den Anlass zur Erzählung der Lebensgeschichte Hauke Haiens, der Schimmelreiter genannt wird. So wird das Phänomen Schimmelreiter zum verbindenden Element zwischen den beiden inneren Erzählebenen. Darüber hinaus wird in der Binnengeschichte der Aberglaube in verschiedenen Ausformungen vorgeführt und es kommt zu mehreren Ereignissen, die zumeist erklärbar sind, teilweise aber auch nicht. Im Zuge der Novelle stellen sich daher Irrationalität und Rationalität wechselseitig infrage und eine Deutung der Novelle mit einer stärkeren Gewichtung einer der beiden Seiten ist jederzeit möglich[398].

Es stellt sich daher die Frage, warum Storm seine Novelle in einem dialektischen Verhältnis von Rationalität und Übernatürlichem konzipiert hat. Einerseits hatte er ja, wie bereits festgestellt, schon immer eine deut-

394 Vgl.: Weinreich 1997, S. 67-69.
395 S. 131-133.
396 S. 133.
397 Freund 1984, S. 88.
398 Vgl.: Weinreich 1997, S. 61.

liche Affinität zu Märchen und zu Sagenstoffen. Mit dem *Schimmelreiter* unternahm er dann den Versuch, eine Deichspukgeschichte in eine realistische Novelle zu verwandeln. Dies wird in einigen Briefen bezeugt. Er sah sich als Dichter dabei den *Regeln* des Poetischen Realismus verpflichtet, nach denen phantastische Motive nicht in eine realistische Erzählung hineingehörten[399]. Durch die doppelte Rahmung ergibt sich allerdings die Möglichkeit, das Übernatürliche auf den inneren Erzählebenen passieren zu lassen, denn durch den ersten Rahmen wird es als textinterne Fiktion ausgewiesen, die keinen Wahrheitsanspruch hat.

Zugleich wird dabei die Geschichte von einem aufklärerischen Schulmeister erzählt, der einem Reisenden die Lebensgeschichte eines gewissen Hauke Haien mitteilt und dabei „das Phantastische [als] eine Ausgeburt des unaufgeklärten Bewußtseins“[400] diffamiert. Dies erreicht er, indem er seinen Helden Hauke Haien, von seinem Wesen her sich selbst ähnlich, als aufgeklärt darstellt und ihn in einen Konflikt mit der dem Aberglauben nahestehenden Dorfbevölkerung bringt. Diese wiederum überinterpretiert mittels Aberglaube als einem Deutungsangebot verschiedene Ereignisse als übernatürlich und bringt sie in Verbindung mit dem ehrgeizigen Einzelgänger Hauke, der letztlich an seiner Hybris beim Deichbau scheitert und in einer Sturmflutnacht stirbt.

Auf der Erzählebene, in der auch der Schulmeister auftaucht, erscheint zudem der Schimmelreiter als eine Art Wiedergänger Haukes, was selbst vom aufklärerischen Schulmeister nicht widerlegt wird. Es kann daher also nicht Storms Ziel gewesen sein, das Übernatürliche als etwas zu Überwindendes anzuprangern, wo es doch auf der Erzählebene existiert, auf der es eigentlich widerlegt werden soll. So besteht es zumindest als „Teil einer poetischen Welt“[401]. Gegen die These von der Widerlegung des Übernatürlichen und des Aberglaubens spricht auch, dass Storm den ursprünglichen Schluss der Novelle, eine offensichtliche Parodie auf den Aberglauben, letztlich gestrichen und durch ein Ende ersetzt hat, das eine Art „Schwebezustand“ zwischen Realität und Fiktion bewahrt. Der Schulmeister mag durch seine Erzählung aufklärerische Ziele verfolgen, jedoch ist er selbst Teil einer fiktionalen Welt, in der wiederum die reale Erscheinung des Schimmelreiters das Erzählte relativiert.

Letztlich bleiben die abergläubischen Deutungsmuster und übernatürlichen Phänomene – und dazu gehört auch die Schimmelreiter-Erscheinung auf der zweiten Erzählebene – in der Fiktion als ein Teil der

---

399 Vgl.: Meier 2002, S. 171.

400 Freund 1984, S. 59.

401 Meier 2002, S. 177.

Wirklichkeit bestehen. Weder der aufgeklärte Schulmeister, noch die im Aberglauben verhaftete Gemeinschaft können am Ende einen Alleinvertretungsanspruch für ihre Position über die Novelle hinaus erheben, denn all das wird nur von einem alten Mann aus der Erinnerung heraus aufgeschrieben.

Die entscheidende Begegnung mit dem Übernatürlichen findet in der Novelle auf der zweiten Erzählebene statt. Mehrere Personen werden mit der Schimmelreiter-Erscheinung konfrontiert und können deren tatsächliche Existenz nicht widerlegen. Auf der dritten Erzählebene wird Hauke Haien schon früh mit dem Übernatürlichen konfrontiert, erkennt es aber schnell als eine falsche Deutung der Wirklichkeit. Dies gelingt vielen anderen Dorfbewohnern allerdings nicht. Haukes Schimmel wird schon bald nach dem Kauf mit dem Teuflischen assoziiert, was zunehmend auch auf seinen Herrn übertragen wird. Daneben gibt es noch andere Beispiele, die belegen, dass eigentlich natürliche Ereignisse oft als übernatürlich missdeutet werden. Trotzdem haben einige Figuren auch Vorahnungen, die sich erfüllen und die nicht rational erklärbar sind.

Insgesamt weist *Der Schimmelreiter* ein Verhältnis von rationalem Denken und Übernatürlichen Geschehnissen auf, die sich immer wieder gegenseitig infrage stellen, sodass keine Position letztgültig die Wahrheit für sich beanspruchen kann. Hierzu trägt auch die Rahmung bei. Es gibt zwar den Schulmeister, der das Übernatürliche in seiner Erzählung weitestgehend rational auflösen kann. Genauso kann er - und andere auch - aber nicht die Erscheinung des Schimmelreiters auf der zweiten Erzählebene leugnen. Letztlich kann dieser "Kampf" von rationaler Weltsicht und übernatürlichen Geschehnissen aber nicht von einer Seite entschieden werden, denn die letzte Autorität über die Erzählung hat ein alter Mann, der sich an eine Geschichte aus seiner Kindheit erinnert. Da dieser am Ende der Novelle nicht mehr das Wort ergreift muss sich der Leser entscheiden, ob er sich zum Irrationalen so positioniert wie der durch den Schulmeister vermittelte Rationalist Hauke oder ob er sich auf die Seite der Dorfbevölkerung schlägt, die Haukes Verteufelung erst möglich macht.

4.5 Naturdarstellung

Wie in vielen anderen Novellen Storms spielt auch im *Schimmelreiter* die Natur eine wichtige Rolle. Vorrangig wird sie als lebensfeindliche Naturgewalt durch das Meer dargestellt. In diesem Fall rückt ihre Bedeutung als eine dem Menschen feindlich gesinnte Macht in den Fokus. Daneben stellt die Natur ein geographisches Phänomen dar und wird oft in ihrer Weite geschildert. Darüber hinaus erscheint sie in ihrem ständigen Wechsel von Licht und Dunkelheit. Besondere Bedeutung kommt neben Aspekten der unbelebten Natur auch einzelnen Tieren zu. Die Analyse des Naturaspekts wird sich vorrangig auf die Binnenerzählung beziehen, da diese nun mal den größten Teil der Novelle ausmacht und dementsprechend viele Beispiele bietet.

4.5.1 Der Mensch im Kampf mit der Natur

Der Anteil der Natur an der Handlung begründet sich schon alleine durch den Handlungsort: Gerade im Marschland der Nordsee, als einer Grenzzone zwischen Festland und Meer, wird das Alltagsleben der Menschen maßgeblich durch die Naturgewalt Meer bestimmt. In der Marsch trifft die unberührte Natur in ihrer ursprünglichen Kraft auf die ordnenden Kräfte des Menschen, der seinen kultivierten Raum verteidigen will. Leitmotivisch tritt das Meer „als eine ständig lauernde düstere Bedrohung, als gefährliches Tier, das den Tod bringen kann"[402] auf:

> Nur Berge von Wasser sah er [Hauke; L.M.] vor sich, die dräuend gegen den nächtlichen Himmel stiegen, die in der furchtbaren Dämmerung sich über einander zu thürmen suchten und über einander gegen das feste Land schlugen. Mit weißen Kronen kamen sie daher, heulend, als sei in ihnen der Schrei alles furchtbaren Raubgethiers der Wildniß.[403]

Schilderungen dieser Art, welche die blinde Zerstörungsgewalt des Meeres beschwören oder ihre Folgen schildern, bestimmen die Naturbeschreibungen in der Novelle[404]. Mitunter kann man aber auch nur „draußen hinterm Deich die Brandung donnern"[405] hören. Ebenso im Kleinen erweist sich die Natur als eine dem Menschen entgegenwirkende Macht, und wenn es dabei auch nur darum geht, dass „ein leichter Ostwind"[406] „strenge Kälte"[407] mit sich bringt oder dass ein „scharfe[r]

402 Weinreich 1997, S. 72.

403 S. 150.

404 U.a.: S. 20, S. 128f, S. 135f, 155f.

405 S. 37.

406 S. 57.

407 Ebd.

Frühjahrswind"[408] bläst. Wie existenziell bedrohlich die Natur für den Menschen jedoch wirklich sein kann, zeigt sich bereits in dem kurzen Intermezzo mit den Wasserleichen[409], später zudem in den Tiergerippen auf der Jevershallig[410], in einer Schafsherde, die auf einer Hallig während eines Hochwassers ertrinkt[411] und in den vereinzelten Hinweisen auf den Tod von Trien' Jans Sohn[412]. Reimann bemerkt zum Todesmotiv:

> Die Naturgesetzlichkeit des Werdens und Vergehens, die sich hinter dem für Storm unheimlichen Todesprinzip verbirgt, ist in der Novelle identisch mit der landschaftlichen Natur und offenbart sich hier vor allem im Meer, das damit selbst unheimliche Züge erhält.[413]

Nur äußerst selten wird darauf aufmerksam gemacht, dass das Marschland auch Nutzen für seine Bewohner haben kann, etwa als Hauke sich überlegt „[w]elch' treffliches Weide- und Kornland"[414] durch den neuen Deich gewonnen werden könnte. Und selbst, als einmal auf den Fischfang zur Bestreitung des Lebensunterhalts hingewiesen wird, wird damit direkt der Tod von Trien' Jans Sohn während eines Sturms in Verbindung gebracht[415]. Von Seiten der Menschen besteht die Notwendigkeit, dass sie sich gegen die tödlichen Kräfte der Natur schützen. Der Deichbau ist es, durch den der Mensch dem chaotisch waltenden Meer ein „Sicherheits- und Ordnungssystem"[416] entgegen zu setzen vermag. Das Marschland wird so zum Schauplatz eines fortdauernden Kampfes zwischen dem „Meer als Ausdruck ungebändigter Natur [und] de[m] Deich als Ausdruck menschlicher Erfindungskunst"[417].

Da diese große Aufgabe von einer einzelnen Person jedoch nicht bewältigt werden kann, besteht die Notwendigkeit, dass sich die Menschen in Gemeinschaftsarbeit durch den Deichbau gegen den zerstörerischen Einfluss der Natur schützen:

> Geboten ist [...] ein Zusammenwirken aller Kräfte. Der Einzelne vermag letztlich nichts Entscheidendes zu verwirklichen; andererseits geht von der Masse

408 S. 69.
409 S. 21.
410 S. 86.
411 S. 135.
412 S. 24, S. 26, S. 28, S. 125.
413 Reimann 1995, S. 206.
414 S. 80.
415 Vgl.: S. 26.
416 Weinreich 1997, S. 72.
417 Ebd.

> nichts wirklich Kreatives aus. Gemeinschaft und Individuum müssten sich somit in enger Zusammenarbeit der großen Aufgabe widmen.[418]

In der Binnenerzählung gefährdet ein gestörtes Verhältnis zwischen Hauke Haien und der Dorfgemeinschaft die lebensbewahrende Aufgabe des Deichwesens. Hauke ist zwar überaus kreativ und willensstark, zur Durchsetzung seiner kühnen Ideen müsste er sich aber eigentlich der Unterstützung seiner Mitmenschen versichern. Dies verhindern jedoch einerseits seine wachsende Überzeugung, dass er alleine am besten für das Deichgrafenamt geeignet sei und andererseits das Misstrauen seiner Mitmenschen, dass es bei Haukes Leben und seiner steilen Karriere nicht mit rechten Dingen zugeht: „Der Natur- und der Gesellschaftskonflikt Haukes sind von Anfang an parallelisiert"[419]. Eine gute Kooperation zwischen beiden Gruppen könnte eine langfristige Bändigung der Natur bedeuten, aber es kommt zu einer „soziale[n] Katastrophe"[420], die der „Naturkatastrophe"[421] vorausgeht. Zu bedenken ist auch, dass Haukes Deichbauprojekt das gewohnte Maß in einer bestimmten Hinsicht überschreitet: Eigentlich kann man das von ihm entwickelte abgeflachte Deichprofil als eine Defensivmaßnahme deuten, mittels derer sich die Menschen in ihrem Herrschaftsbereich sinnbildlich sanft an die Grenzen des Meeres anschmiegen. Hauke geht es nicht so sehr darum, die alten Grenzen des Festlands mit Bedacht zu sichern, sondern weiter in den Bereich der Natur vorzudringen. Der Deichbruch kann im übertragenen Sinn also als Rache der Natur am maßlosen Menschen gesehen werden.

Die Natur manifestiert sich im *Schimmelreiter* weiterhin in Form von Krankheit, die vor allem dem Protagonisten Hauke seine engen menschlichen Grenzen bewusst macht. Hauke und Elke bleibt beispielsweise nichts anderes übrig, als die geistige Behinderung Wienkes als eine Fügung des Schicksals zu akzeptieren. Dennoch kümmern sie sich liebevoll um ihre Tochter. Überraschenderweise kommt die Einsicht hierbei von Hauke, der trotz seines Rationalismus und seines Herrschaftsanspruchs gegenüber der Natur akzeptiert, dass es Zusammenhänge in der Natur gibt, auf die er keinen Einfluss auszuüben vermag. Des Weiteren erkrankt Elke an Kindbettfieber und Hauke droht an Marschfieber, dem Namen nach eine Krankheit des Marschlandes, zugrunde zu gehen. Insbesondere in diesen beiden Fällen wird Hauke mit den Grenzen des menschlich Machbaren und der Übermacht der Natur konfrontiert. Nicht zu vergessen ist über die Krankheit hinaus auch der bereits er-

418 Hildebrandt 1990, S. 70.

419 Reimann 1995, S. 247.

420 Freund 1984, S. 95.

421 Ebd.

wähnte Tod als natürliche Macht an sich, der in den Wasserleichen und den Toden Tede Haiens, Tede Volkerts und Trien' Jans an verschiedenen Stellen der Binnenerzählung präsent ist und dadurch zum Leitmotiv wird.

Auch Schilderungen des Windes dienen dazu, die Macht der Natur zu verdeutlichen. Die „Aequinoctialstürme"[422] um den Allerheiligentag herum sind es, die in der Marsch große Schäden bewirken und Leid verursachen, denn sie führen zu Springfluten. Trien' Jans ist während eines Sturms beim Fischen ums Leben gekommen. Ein plötzlich „aufbrechender Sturm"[423] kann den Deichbau ins Stocken bringen und ein „Wirbelwind [treibt] die Wellen strudelnd in die Höhe"[424]. In deutlich abgeschwächter Form rauscht die Esche auf dem Deichgrafenhof „in dem hier unablässigen Winde"[425], die „Trauerkleider [flattern] im Frühlingswinde"[426].

Als eindrucksvolles Beispiel für die menschenfeindliche Gewalt der Natur wird an dieser Stelle eine längere Passage eingefügt, die der Schilderung der Sturmflutnacht am Ende der Novelle entnommen ist und bereits teilweise zitiert wurde:

> Eine furchtbare Böe kam brüllend vom Meer herüber, und ihr entgegen stürmten Roß und Reiter den schmalen Akt zum Deich hinan. Als sie oben waren, stoppte Hauke mit Gewalt sein Pferd. Aber wo war das Meer? Wo Jeverssand? Wo blieb das Ufer drüben? – – Nur Berge von Wasser sah er vor sich, die dräuend gegen den nächtlichen Himmel stiegen, die in der furchtbaren Dämmerung sich über einander zu thürmen suchten und über einander gegen das feste Land schlugen. Mit weißen Kronen kamen sie daher, heulend, als sei in ihnen der Schrei alles furchtbaren Raubgethiers der Wildniß. Der Schimmel schlug mit den Vorderhufen und schnob mit seinen Nüstern in den Lärm hinaus; den Reiter aber wollte es überfallen, als sei hier alle Menschenmacht zu Ende; als müsse jetzt die Nacht, der Tod, das Nichts hereinbrechen.[427]

Das Meer wird hier als alles vernichtender Moloch beschrieben, der das Land unter seinen Wassermassen begräbt. Unterstützt wird dieses apokalyptische Bild durch das Motiv der Nacht und durch die heftigen Reaktionen des Schimmels. Hauke Haien sieht mit dem Meer Nacht, Tod und das Nichts hereinbrechen.

---

422 S. 20.
423 S. 116.
424 S. 128.
425 S. 32.
426 S. 69.
427 S. 150f.

Völlig untypisch für das in der Novelle vermittelte Bild der Natur in ihrem Verhältnis zum Menschen ist hingegen die Schilderung des neuen Kooges, die zeitlich vor der eben zitierten Passage liegt:

> – – Allmälig waren drei Jahre seit der Eindeichung hingegangen; das neue Werk hatte sich bewährt, die Reparaturkosten waren nur gering gewesen; im Kooge aber blühte jetzt fast überall der weiße Klee, und ging man über die geschützten Weiden, so trug der Sommerwind einem ganze Wolken süßen Dufts entgegen.[428]

Ausdrücklich wird hier darauf hingewiesen, dass es sich beim neuen Koog um ein Werk von Menschenhand handelt. Da, wo früher die chaotische Natur die Herrschaft inne hatte, herrscht nun der Mensch. Nur, weil sie vom Menschen kultiviert worden ist, zeigt sich die Natur von ihrer ungefährlichen, nützlichen und schönen Seite. Von außerhalb muss aber immer noch mit einem Wiedereinbrechen der Natur gerechnet werden.

4.5.2 Weitere Aspekte der Naturdarstellung

Die Natur wird aber nicht nur als eine dem Menschen grundsätzlich feindlich gegenüberstehende Macht geschildert, sondern darüber hinaus wird sie auch als ein bloßes geographisches Phänomen dargestellt. Sie wird in unterschiedlichen Erscheinungsformen präsentiert, die sich allein schon durch die verschiedenen Gebiete des Marschlandes ergeben. Hauke verbringt viel Zeit am Deich, „zwischen Strandnelken und dem duftenden Seewermuth"[429] und jagt im Watt bei Ebbe kleine Vögel. Die Steine für die Jagd sammelt er in der Geest. Im Winter stellen die eigentlich durch kleine Gräben voneinander getrennten Fennen eine ideale Spielfläche für das Eisboseln[430]. Vom Hafdeich aus nimmt Hauke das Vorland in den Blick und entwirft in Gedanken die Ausmaße des neuen Kooges[431]. Die Hallig im Watt ist dem Meer so stark ausgesetzt, dass sie bald nicht einmal mehr als Weidefläche taugt[432]. Die vielen Fachbegriffe zur norddeutschen Landschaft und zum Deichwesen tauchen teilweise in separaten Wort- und Sachkommentaren[433] und auch in den Erläuterungen „für binnenländische Leser"[434] auf. An dieser Stelle sei auch auf

428 S. 122f.
429 S. 24.
430 S. 44.
431 S. 78f.
432 S. 84.
433 Vgl. u.a.: Weinreich 1997, S. 32-36.
434 S. 7f.

Storms intensive geographische Vorarbeiten zur Novelle in Kapitel 3.1 verwiesen. Nicht zuletzt durch diese wird die Natur als Lebensraum des Menschen und als konkreter geographischer Raum für den Leser besser begreifbar. Zudem wird sie in den verschiedenen Jahreszeiten beschrieben: Während das Eisboseln im Winter gespielt wird[435], finden einige einschneidende Ereignisse im Zusammenhang mit dem Meer im Oktober um den Allerheiligentag herum statt[436]. Das hängt - wie schon angedeutet - mit den sogenannten „Aequinoctialstürme[n]"[437] zusammen, die vornehmlich zu dieser Zeit toben. Zudem werden unterschiedliche Wetterlagen geschildert, in die auch Tiere und Pflanzen mit einbezogen werden[438]. So „wiehert[-] der Schimmel, dass es wie Trompetenschall in das Heulen des Sturmes hineinkl[ingt]"[439] und „die alte Esche knarrt[-]"[440], als sich Hauke in der Sturmflutnacht auf den Weg zum Deich macht. Durch die Betonung der Natur als einem geographischen Phänomen wird die Novelle in einen konkreten regionalen Kontext eingebettet und so ein realistischer Eindruck erweckt.

In engem Zusammenhang mit der Darstellung der Natur als einem geographischen Phänomen steht ihre Vermittlung als ein weiter Raum. So kommt es etwa, dass Hauke alleine auf dem Deich steht und auf der einen Seite „die leere weite Marsch"[441] und auf der anderen den „unabsehbare[n] Strand mit seiner jetzt vom Eise schimmernden Fläche der Watten"[442] erblickt. Ähnliche Beschreibungen dieser Art finden sich an vielen Stellen in der Novelle, von denen hier nur einige genannt werden sollen: Der Mond leuchtet über der „unermessliche[n] weiß bereifte[n] Weidefläche"[443], Nacht breitet sich über die „weite Gegend"[444] aus, „das große Vorland"[445] soll eingedeicht werden und das Land um den neuen Deich herum ist „leer und öde"[446]. Durch solche Naturbeschreibungen wird zum einen verdeutlicht, wie klein und ohnmächtig der Mensch eigentlich gegenüber der Natur ist. Zum anderen wird damit teilweise auch Haukes Einzelgängertum versinnbildlicht.

---

435 S. 44.
436 S. 20, S. 145.
437 S. 20.
438 Vgl.: Hildebrandt 1990, S. 68.
439 S. 148.
440 Ebd.
441 S. 21.
442 Ebd.
443 S. 48.
444 S. 54.
445 S. 81.
446 S. 136.

Natur erscheint auch im ständigen Wechsel von Sonne und Mond, von Licht und Dunkelheit. Beispielhaft geschieht dies auf der zweiten Erzählebene in der Schilderung der Sturmflutnacht, in welcher der reisende Ich-Erzähler der unheimlichen Erscheinung begegnet. Anfangs kann der Reisende wegen der „wüste[n] Dämmerung [...] Himmel und Erde nicht unterscheiden"[447], weil „der halbe Mond"[448] wolkenverhangen ist. Kurz vor dem Auftreten der Erscheinung wird es „pechfinster"[449], währenddessen spendet der Mond nur „ein karges Licht"[450] und danach zeigt sich das Gasthaus, dessen „Fenster erleuchtet"[451] sind, als Zufluchtsort. Anfangs noch ist die Natur für den Reisenden nur schwer erfassbar und er „fühlt sich in der menschenleeren Landschaft allein und deshalb schutzlos der Naturgewalt des Sturmes und der Springflut ausgeliefert"[452]. Die Erscheinung des Reiters unter diesen Umständen markiert den Höhepunkt in der Undurchschaubarkeit der Natur und wird kontrastiert durch das Wirtshaus als Sinnbild von Zivilisation. Der folgende Morgen präsentiert sich schließlich in extremem Kontrast zur Sturmflutnacht im „goldensten Sonnenlichte"[453]. Auch in der Binnenerzählung spielen Licht und Dunkel eine Rolle und werden oft mit der Darstellung des Meeres verbunden. Einschneidende Bedeutung gewinnt dies aber, als Hauke am Deich nochmals den Schaden in Augenschein nimmt. Das „vom Zenith herabschießende[-] Sonnenlicht[-]"[454] täuscht seine Augen dermaßen, dass ihm der an sich große Schaden als geringfügig erscheint. Seine dadurch verursachte Fehlentscheidung führt letztlich mit zum Deichbruch. Neben vielen anderen möglichen Beispielen sei hier insbesondere auf die Schilderung der Sturmflutnacht verwiesen, in der Elemente der alles verschlingenden Natur mit Anleihen an Nacht und Dunkelheit vermengt werden. Es folgt eine Passage, die sich direkt an Hauke Haiens Selbstmord anschließt:

> Der Mond sah leuchtend aus der Höhe; aber unten auf dem Deiche war kein Leben mehr, als nur die wilden Wasser, die bald den alten Koog fast völlig überfluthet hatten. Noch immer aber ragte die Werfte von Hauke Haien's Hofstatt aus dem Schwall hervor, noch schimmerte von dort der Lichtschein, und von der Geest her, wo die Häuser allmälig dunkel wurden, warf noch die

---

447 S. 10.

448 Ebd.

449 S. 11.

450 Ebd.

451 S. 12.

452 Reimann 1995, S. 220.

453 S. 159.

454 S. 140.

einsame Leuchte aus dem Kirchthurm ihre zitternden Lichtfunken über die schäumenden Wellen.[455]

Neben der unbelebten Natur spielen Tiere eine wichtige Rolle in der Binnenerzählung. In den Fischreihern und Krähen glaubt Hauke zunächst Seegespenster zu erkennen, doch er schafft es, sich gegenüber dem Aberglauben zu behaupten[456]. Er sucht schon früh die Herausforderung der Natur, indem er „Strandläufer“[457], kleine wehrlose Vögel, mit Steinen erlegt. Dieses Verhalten korreliert mit seinem Anspruch, sich die Natur durch den Deichbau zu unterwerfen und mit seiner Arroganz, mit der er dem Meer gegenübertritt. Auch hat er schon mehrmals „daran gedacht, den Kater [der Trien' Jans; L.M.] mitzunehmen und als apportirenden Jagdhund zu dressiren“[458]. Als ihn der Kater jedoch eines Tages angreift, macht er seinen Herrschaftsanspruch gegenüber der Natur in extremer Weise geltend und tötet das Tier. Damit ist die Basis für seinen beruflichen und sozialen Aufstieg gegeben. An den Schimmel bindet Hauke eine Zuneigung, wie man sie bei ihm selten erlebt: Er pflegt das heruntergehungerte Tier wieder gesund und es wird von da an sein ständiger Begleiter. Dies erregt wegen des Spuks auf Jeverhallig allerdings das Misstrauen der Dorfbevölkerung. Hauke wird mit dem Teuflischen in Verbindung gebracht und der Konflikt zwischen ihm und der Gemeinschaft eskaliert beinahe, als Hauke aus Mitleid einen Hund rettet, der als Deichopfer dargebracht werden soll. Trien' Jans Möwe Claus wird neben dem Hund zu Wienkes einzigem Spielgefährten. Diese Möwe trampelt Hauke mit seinem Schimmel versehentlich zu Tode, als er in der Sturmflutnacht zum Deich hinausreitet, wo er letztlich sterben wird. Somit stehen alle Tiere, die in der Novelle eine gewisse Rolle ausfüllen, in direktem Zusammenhang mit Hauke und markieren zudem wichtige Punkte auf seiner Lebenslinie: Die mutmaßlichen Seegespenster sind der Prüfstein seines rationalen Denkens, der Kater markiert seinen beginnenden Aufstieg, der Schimmel leitet seinen Abstieg ein - oder ist zumindest ein deutliches Symptom dafür - und die Rettung des Hundes verhindert fast die Fertigstellung des Deiches, seines Lebenswerkes. Der Tod der Möwe Claus geht Haukes Selbstmord in der Sturmflutnacht unmittelbar voraus; mit Hauke geht auch sein Schimmel in den Tod.

455 S. 157.
456 Vgl.: S. 22f.
457 S. 24.
458 S. 25.

Zusammenfassend lässt sich sagen: Natur spielt im *Schimmelreiter* in vielerlei Hinsicht eine wichtige Rolle und sie umfasst verschiedene Aspekte. Fortlaufend wird ihre bedrohliche Seite und ihre Tod bringende Kraft in den Vordergrund gestellt. Demgegenüber wird nur äußerst selten darauf verwiesen, dass sie daneben eine für die Menschen nützliche Seite hat. Der Schauplatz der Novelle, das Marschland, wird dadurch ein Schlachtfeld, auf dem die Menschen versuchen, die unkontrollierten Naturgewalten durch menschliche Vernunft in Form von Deichen in Ordnung zu bringen. Wichtig dabei ist, dass die Gemeinschaft diese Aufgabe wahrnehmen sollte und nicht nur ein Einzelner. Die Probleme, die zwischen Hauke und den übrigen Dorfbewohnern bestehen, sind demnach mit ein Grund dafür, dass der Deich am Ende an einer Stelle bricht. Natur wird auch in Krankheit und Tod greifbar, was im Grunde aber nur eine Ausformung des Kampfes mit der Natur ist. Gleiches gilt für die verschiedenen Arten von Wind, durch die der Mensch einen Eindruck von der Macht der Natur bekommt. Sie wird zudem als geographisches Phänomen aufgefasst, wenn verschiedene Gebiete im Marschland zu unterschiedlichen Jahreszeiten oder Wetterlagen beschrieben werden. Dies dient dem Realismus des Erzählten. Viel Wert wird auch darauf gelegt, dass das Marschland in seiner Weite zur Geltung kommt. Darüber hinaus spielt in der Naturdarstellung der Gegensatz von Licht und Dunkel eine wichtige Rolle. Große Bedeutung haben zuletzt einzelne Tiere, die im Zusammenhang mit wichtigen Einschnitten in Haukes Leben stehen und so die Handlung strukturieren.

5 Die Gattungsfrage: Novelle – ja oder nein?

Der Schimmelreiter wird in der Forschung immer wieder als eine der wichtigsten, Novellen Storms gewürdigt. Es stellt sich daher die Frage, aufgrund welcher Merkmale der Novelle diese Einordnung erfolgt. Deshalb soll an dieser Stelle zunächst ein Überblick über die allgemeinen Merkmale der Novelle gegeben werden und dann eine Einordnung des *Schimmelreiter* erfolgen.

5.1 Zur Entstehung des Novellenbegriffs

Der Begriff der Novelle stammt ursprünglich von dem lateinischen *novus* (= neu) ab. Ableitungen finden sich sowohl im Französischen mit *nouvelle* wie auch im Italienischen mit *novella*. Dem Wortsinn nach geht es bei einer Novelle also um etwas Neues und bisher Unbekanntes. Erstmals belegt ist der Begriff Novelle bereits im *Corpus Iuris Civilis* des Kaisers Justinian Mitte des 6. Jahrhunderts, wo er nachträgliche und Einzelgesetze umfasst. Daher rührt auch der noch heute gängige Begriff von der Gesetzes-Novelle[459].

Einzug in die Literatur hält das Konzept der Novelle erst im 13. Jahrhundert mit dem Aufkommen von durch Troubadoure verfassten Biographien, in denen „Neues, nicht selten Außergewöhnliches, Geschichten von nicht alltäglichen Liebeserfüllungen und tragischen Verwicklungen"[460] präsentiert werden. Der eigentliche Anfang der Literaturgattung wird wiederum ein Jahrhundert später mit Boccaccios *Il Decamerone* oder auch *Dekameron* genannt (1349-1353) angenommen, das noch bis heute als Musterbeispiel einer Novelle gilt[461]. Das *Dekameron* spielt Mitte des 14. Jahrhunderts, als in Florenz die Pest wütet. Zehn junge Adlige verlassen die Stadt und erzählen sich über zehn Tage hinweg gegenseitig insgesamt 100 Geschichten. Die Pestepidemie und das Beisammensein der Adligen bilden den erzählerischen Rahmen für die eigentlichen Novellen. Dieser Umstand alleine reicht aber längst nicht, um eine Geschichte als Novelle bezeichnen zu können.

---

459 Vgl.: Rath 2000, S. 57.

460 Freund 1998b, S. 9.

461 Vgl.: Rath 2000, S. 67; Freund 1998b, S. 10.

5.2 Merkmale der Novelle

Im Verlauf der Novellenforschung sind verschiedene Aspekte herausgearbeitet worden, anhand derer man eine Novelle erkennen kann.

Zunächst einmal fällt die „mittlere[-] Länge“[462] auf. Diese eher ungenaue Beschreibung trägt dem Umstand Rechnung, dass sich die Novelle in ihrem Umfang zwischen dem Roman einerseits und der Anekdote und der Kurzgeschichte andererseits bewegt. Als Orientierungspunkte für den Umfang werden demnach zwischen 75 und 150 Taschenbuchseiten angenommen. Man sollte eine Novelle also am Stück lesen können. Dies hängt unter anderem damit zusammen, dass sie vornehmlich in Zeitungen oder auch Taschenbüchern, also zum ‚Zwischendurchlesen' publiziert worden sind. Der geringe Umfang ist aber nicht nur auf die äußeren Umstände zurückzuführen, sondern immer auch auf den inneren Aufbaus einer Novelle, der sich durch „Auswahl, Ausschnitt [und] Akzent“[463] auszeichnet. Sie präsentiert ihren Inhalt also in hochkonzentrierter Form.

Darüber hinaus weisen viele Novellen eine Rahmenhandlung auf. Diese stellt in der Narratologie allgemein ein kompositorisches Mittel dar, durch das Authentizität suggeriert und der Charakter der realen Begebenheit von Erzähltem hervorgehoben werden kann. Sie kann dem Erzähler auch dazu dienen, sich vom Geschriebenen zu distanzieren. Ihre Funktion kann noch insofern erweitert werden, als sie dem Leser die Möglichkeit zugesteht, das Erzählte zu bewerten[464]. Stets schafft der Rahmen eine fiktive Erzählsituation, in der einer fiktiven Zuhörerschaft eine oder mehrere Geschichten präsentiert werden. Darüber hinaus kann zwischen zwei Formen der Rahmung unterschieden werden. Im Fall der gerahmten Einzelerzählung wird die Geschichte als „Manuskriptfiktion“[465] eingeführt. Das kann zum Beispiel eine gefundene historische Aufzeichnung oder ein Tagebuch sein, wodurch dem Erzählten ein Anschein von Authentizität gegeben wird. Damit ist der Wahrheitsanspruch des Erzählers verbunden und er unterstreicht damit auch, dass dieses Manuskript erzählenswert ist. Beim zyklischen Rahmen hingegen werden mehrere Erzählungen durch eine übergeordnete Erzählsituation zu einer Einheit verknüpft. Das Auftreten mehrerer Erzähler in beiden

462 Aust 2006a, S. 8.

463 Ebd.

464 Vgl.: Aust 2006a, S. 14.

465 Freund 1998b, S. 31.

Fällen führt zu einer besonderen Spannung zwischen Erzähler(n) und Erzähltem, beispielsweise die Erzählkompetenz betreffend[466].

Weiteren Aufschluss über die wichtigen Merkmale der Novelle bietet über Länge und Rahmung hinaus Goethes Formulierung, nach der es sich bei der Novelle um „eine sich ereignete, unerhörte Begebenheit"[467] handelt. Hieraus können gleich mehrere Eigenschaften der Novelle abgeleitet werden. Auf inhaltlicher Ebene bedeutet das zunächst einmal ganz vage, dass ein einziger besonderer Vorfall im Interesse des Novellengeschehens steht. Schlegel folgend soll eine Novelle mit ihrem besonderen Einzelfall völlig alleine für sich stehen können oder mehrere Einzelfälle zumindest durch einen Erzählrahmen zusammengehalten werden. Er schließt über die Einmaligkeit des Ereignisses hinaus also aus, dass mehrere Novellen erst „im System [...] ganz schön sind"[468]. Durch Goethes Formulierung wird weiterhin auch die Neuigkeit des Ereignisses betont, von dem bis dato noch niemand etwas gehört hat.

Der Begriff der Begebenheit verweist auch „auf wirklich vorgefallenes, auf etwas, was einmalig und unwiederholbar zu einer bestimmten Zeit, an einem bestimmten Ort geschehen ist"[469]. Es wird beteuert, dass sich die Sache genau so zugetragen hat, wie sie dargestellt wird[470] und dadurch ein direkter Bezug zur Realität hergestellt. Außerdem wird in den Mittelpunkt gerückt, dass nicht jemand etwas Bestimmtes getan hat, sondern dass etwas geschehen ist. Die Aktivität des Einzelnen und seine Perspektive treten infolgedessen in den Hintergrund, wohingegen ein neutralerer Standpunkt zum Geschehen bezogen wird. Neben einem hohen Realitätsbezug weist die Novelle demnach zudem eine erhöhte Objektivität auf. Schlegel folgend stellt die Novelle die Dinge der Welt so dar, wie sie wirklich sind, das heißt, sie bezieht sich auf reale Ereignisse. Im Umkehrschluss bedeutet dies, dass für die Novelle vor allem das „[e]rzählenswert ist [...], was im täglichen Leben Gültigkeit besitzt"[471].

Ein weiteres bestimmendes Merkmal für die Novelle ist Tieck folgend der Wendepunkt, „von welchem aus sie sich unerwartet völlig umkehrt"[472]. Er gilt als das markante Unterscheidungsmerkmal zwischen der Novelle und den übrigen literarischen Gattungen, wobei man ihm

466 Vgl.: Freund 1998b, S. 31f.
467 Zitiert nach: Karthaus 1990, S. 14.
468 Zitiert nach: Karthaus 1990, S. 16.
469 Freund 1998b, S. 33.
470 Vgl.: Aust 2006a, S. 11.
471 Zitiert nach: Freund 1998b, S. 13.
472 Zitiert nach: Karthaus 1990, S. 22.

eine gewisse Nähe zur Peripetie im Drama zugestehen kann. Die Wendepunktthese hängt damit zusammen, dass die Novelle von einer einzigen besonderen Begebenheit her organisiert ist. Am Mittel- oder auch Wendepunkt der Novelle wendet sich demnach das Gewohnte und Bekannte in das Ungewohnte und Besondere. Grundsätzlich besteht dabei die Möglichkeit einer Hinwendung zum Guten wie auch zum Bösen. Erst diese Wende macht die Begebenheit zu etwas Besonderem. In keinem Fall aber hat der Mensch die Möglichkeit, diese Wendung in irgendeiner Weise zu beeinflussen, trägt an seinem Ergehen aber dennoch immer eine Mitschuld. Ist das Geschehen erst einmal am Wendepunkt angelangt, treibt es auf diesen zu und kann dabei nicht mehr gestoppt werden[473].

Ebenfalls von besonderer Bedeutung für die Novelle ist das Symbol beziehungsweise Leitmotiv. Auch bezogen auf diesen Aspekt muss von bestimmten Voraussetzungen in der Novelle ausgegangen werden: Zum einen fordert die mittlere Länge der Novelle ein hohes Maß an Konzentration und Akzentuierung bezüglich des Erzählten. Zum anderen wird in der Novelle ein zentraler Konflikt verhandelt, in dem „die tiefsten und wichtigsten sittlichen Fragen zur Sprache kommen“[474]. Das Symbol hat nun die Aufgabe, das ganze Ausmaß des verhandelten Konflikts in möglichst knapper und dabei präziser Form auf den Punkt zu bringen. Darüber hinaus dient es zur Strukturierung der Handlung und zur Interpretation. Heyse bezeichnet das Symbol unter Bezugnahme auf die bereits erwähnte Falkennovelle Boccaccios[475] als den *Falken der Novelle*. Das Symbol zeigt demnach sinnbildlich genau das, was „diese Geschichte von tausend anderen unterscheidet“[476].

Die Novelle schlägt im Allgemeinen einen eher pessimistischen Ton an. Dies hängt damit zusammen, dass das Individuum immer in seiner Begrenzung durch Zeit, Raum, Gesellschaft und Schicksal gezeigt wird. In der Novelle gibt es nichts, das von überzeitlicher Bedeutung oder unvergänglich ist. Der Einzelne scheitert demnach immer im Hier und Jetzt. Helden im eigentlichen Sinne gibt es nicht, ebenso keinen Ausweg aus dem eigenen Schicksal oder Sonderrechte. Der Einzelne hat zu keiner Zeit die Verfügungsgewalt über das inne, was mit ihm geschieht. Diese stark begrenzte Einflussnahme des Einzelnen auf den Lauf der Dinge wird durch den Begriff der Begebenheit besonders deutlich. Dieser Be-

473 Vgl.: Freund 1998b, S. 36f.
474 Zitiert nach: Karthaus 1990, S. 26.
475 Vgl.: Karthaus 1990, S. 103-108.
476 Zitiert nach: Karthaus 1990, S. 28.

griff beinhaltet ja, dass sich etwas ereignet und nicht, dass jemand etwas tut.

Es bleibt festzuhalten, dass es sich bei der Novelle um eine Erzählung mittlerer Länge handelt. Der begrenzte Umfang hat ein hohes Maß an Konzentration und die Ausschnitthaftigkeit des Erzählten zur Folge. Durch die Rahmung wird eine fiktive Erzählsituation geschaffen, mit der zum einen Authentizität suggeriert und zum anderen eine besondere Spannung zwischen Erzähler und Erzähltem bewirkt werden kann. Inhaltlich wird in der Novelle ein besonderer Vorfall verhandelt, wobei es wichtig ist, dass dieser sich auch so in der Realität begeben könnte. Ferner zeichnet sich die Novelle durch erhöhte Objektivität und Realismus aus. Der Wendepunkt stellt ein weiteres Merkmal der Novelle dar. Er steht im engen Zusammenhang zum singulären Ereignis und an ihm wendet sich das Gewohnte in das Ungewohnte. Ist er einmal erreicht, ist der weitere Weg vorgezeichnet und das Ende nicht mehr abwendbar. Durch die Verwendung des Symbols soll der zentrale Konflikt sinnbildlich vermittelt werden; die Verwendung des Symbols folgt aus der straffen Form der Novelle. Der Grundton der Novelle ist tendenziell ein pessimistischer, was daher rührt, dass der Einzelne in vielerlei Hinsicht als begrenzt gezeigt wird und kaum Einfluss auf den Lauf der Dinge nehmen kann.

5.3 Merkmale der Novelle im *Schimmelreiter*

Ohne Zweifel weist auch Storms *Schimmelreiter* viele Merkmale der Novelle auf. In ihrem Umfang bewegt sich diese Novelle natürlich in einem Grenzbereich zum Roman, wenn man die knapp 160 Seiten in den Blick nimmt. Daneben fällt die doppelte Rahmung auf, mittels derer die Erzählkompetenz der Erzähler der beiden inneren Ebenen problematisiert, vielleicht sogar in Frage gestellt wird. Doch auch der äußere Erzähler stellt seine eigene in Frage, indem er auf die Schwierigkeit des von ihm initiierten Erzählvorgangs verweist. Er macht auch darauf aufmerksam, dass er keine gefundene Geschichte liest oder im Wortlaut aufschreibt, sondern aus der Erinnerung eine Jahrzehnte zuvor gelesene Geschichte niederschreibt. Was dem Leser präsentiert wird, ist also das Resultat einer Erinnerung und nicht direkt ein Manuskript. Zudem beruht die Erzählung des Schulmeisters auf mündlicher Tradierung und wird von diesem zwar in derselben Weise, jedoch mit dem Anspruch auf Objektivität präsentiert. In Novellen mit einer gerahmten Einzelerzählung werden aber üblicherweise schriftliche Dokumente gefunden und überliefert. Die Dokumentation dieses Überlieferungsprozesses dient im Wesentlichen dazu, das Erzählte als wahr zu beglaubigen. Beim *Schimmelreiter* hingegen steht die Mündlichkeit des Überlieferungsprozesses im Vordergrund. Besonders der äußere Erzähler macht dabei deutlich, dass das von ihm Niedergeschriebene nicht den Anspruch auf Wahrheit erheben kann, auch wenn er die damalige Erzählsituation zu authentifizieren versucht. Darüber hinaus betont er, dass er seine Erinnerung an einen explizit fiktionalen Text, also an eine nicht-reale Begebenheit, niederschreibt. Die für die Novelle typische Rahmung ist im *Schimmelreiter* also zwar vorhanden, jedoch zielt sie nicht auf die Beglaubigung des Erzählten, sondern ganz im Gegenteil auf dessen Entglaubigung.

Bezogen auf die Binnenerzählung kann zunächst einmal von einer besonderen Begebenheit gesprochen werden: Der überaus ehrgeizige und dabei eigenbrötlerische Hauke Haien sucht die Konfrontation mit der unkontrollierbaren Natur, gerät dabei in Distanz zu seiner Dorfgemeinschaft und setzt gegen große Widerstände ein revolutionäres Deichbauprojekt durch. Dabei wird sein Leben angefangen von seiner Kindheit bis hin zu seinem plötzlichen Tod mitverfolgt. Als ausschnitthaft kann eine solche Schilderung allerdings nicht bezeichnet werden. Es kommt in Haukes Leben nämlich immer wieder zu einschneidenden Einzelereignissen, beginnend mit der Tötung des Angorakaters über die unerwartete Ernennung zum Deichgrafen und sein Deichbauprojekt bis hin zu seinem Tod in der Sturmflutnacht. Es wird deutlich, dass „es sich in dieser Novelle nicht um die Darstellung eines besonderen Ereignisses handelt“[477]. Von Bedeutung für die Novelle ist vielmehr, dass Haukes ganzes Leben nachvollzogen wird. Die eben genannten Ereignisse haben einen entscheidenden Einfluss auf sein Leben. Doch Hauke widerfahren diese Ereignisse nicht, sondern ganz im Gegenteil fällt hierbei Haukes Aktivität und Einflussnahme auf: Er ist es, der die Natur in menschliche Grenzen weisen will und es letztlich schafft. Er tötet den Angorakater. Er lehnt den Aberglauben seiner Mitmenschen schon in seiner Kindheit ab und bildet in Abgrenzung dazu eine eigene Identität aus. Er ist es, der schon sehr früh seinen sozialen Aufstieg weitestgehend selbstständig vorbereitet. Und er ist es auch, der das Deichbauprojekt in die Wege leitet und durchführt. Für eine Novelle eher untypisch zeichnet sich Hauke also über weite Strecken durch seine hohe Aktivität aus. Seine Lebensgeschichte weist überdies, zumindest bis zur Entdeckung des Schadens am Deich, eine gewisse Nähe zum Entwicklungsroman auf. Freund formuliert hierzu folgendes:

> Sein Weg vom begierig Studierenden über Kleinknecht und Großknecht bis hin zum Deichgrafen und zum erfolgreichen Deichbaumeister ist ganz im Sin-

477 Knüfermann 1967, S. 83.

ne des Entwicklungsromans ein steter Aufstieg, die Entfaltung einer einmaligen Persönlichkeit, geschildert als Werdegang von den Anfängen bis zur Reifung.[478]

Betrachtet man Haukes Aufstieg, muss man aber auch seinen Abstieg berücksichtigen. Der Wendepunkt der Novelle, in dem sich Haukes Erfolge in ein völliges Scheitern umkehren, wird von Freund mit der Entdeckung der schadhaften Stelle am Deich angegeben[479]. Von da an sind der Deichbruch und Haukes Tod nicht mehr abwendbar. Diese These ist durchaus nachvollziehbar, denn die mangelhafte Reparatur ist schließlich mitverantwortlich dafür, dass der Deich während der Sturmflut bricht. Diesbezüglich muss aber Haukes Schuld daran bedacht werden, dass an besagter Stelle im Deich überhaupt umfangreiche Reparaturen und Umbaumaßnahmen notwendig werden. Er hatte nämlich noch vor Beginn der Bauarbeiten Elkes Warnungen ignoriert, dass der unter dem Deich verlaufende Priel nicht geschlossen werden könne[480]. Demnach kann man den Wendepunkt bereits da annehmen, als Hauke sich trotz Elkes Warnung für sein Projekt entschließt. Für diese Position spricht auch, dass Hauke von da an fast nur noch mit dem Unwillen und dem Misstrauen seiner Mitmenschen zu kämpfen hat und nichts mehr zu spüren ist von der Anerkennung gegenüber Hauke. Er hat sich durch seine Aktivität und seinen Ehrgeiz sein eigenes Schicksal geschaffen und diesem kann er sich ab dem Wendepunkt nicht mehr entziehen. Eine wichtige Rolle spielt hierbei jedenfalls Ole Peters Verleumdung gegen Hauke, durch welche dieser zu dem Projekt angestachelt wird.

Der *Schimmelreiter* hat somit bis zu dem hier herausgearbeiteten Wendepunkt eine gewisse Ähnlichkeit mit dem Entwicklungsroman, denn der Protagonist bildet seine Identität durch Eigenaktivität und in Auseinandersetzung mit anderen aus und verbucht dabei gewisse Erfolge. Ab dem für die Novelle typischen Wendepunkt ist Haukes Scheitern dann vorgezeichnet. Das Novellistische tritt stärker in den Vordergrund, insofern Haukes Schicksal ab diesem Punkt unausweichlich ist. Da Hauke durch sein Handeln sein Schicksal aber selbst zu verantworten hat, kann hier durchaus von einem „romanhafte[n] Scheitern“[481] gesprochen werden. Hauke wird zwar mit Grenzen verschiedenster Art konfrontiert, wie beispielsweise dem Widerstand der Dorfbewohner oder der Behinderung seiner Tochter, jedoch ergibt er sich diesen Grenzen nicht, sondern setzt sich aktiv mit ihnen auseinander. Lange Zeit verfügt Hauke

478 Freund 1984, S. 102.

479 Vgl.: Freund 1984, S. 102.

480 Vgl.: S. 81f.

481 Freund 1984, S. 103.

selbst über sein Leben. Dies wiederum ist eher untypisch für die Novelle, die den Einzelnen in der Regel als einen an äußere Umstände Gebundenen und an ein übermächtiges Schicksal Ausgelieferten sieht. Dennoch genießt Hauke keine Sonderrechte, denn ab dem hier festgestellten Wendepunkt kann er sich nicht mehr aus der Verantwortung ziehen und trägt die Konsequenzen für sein Handeln. Diese Eigenschaft teilt er mit den Protagonisten von Novellen.

Bezogen auf die vorliegende Rahmenstruktur kann von erhöhter Objektivität nicht die Rede sein. Der erste Erzähler schreibt eine Geschichte aus seiner Erinnerung auf, demnach nur das, woran er sich erinnern kann. Das thematisiert der Erzähler selbst, verweist dabei auf eigene Unsicherheiten. Darüber hinaus tritt auf dieser Ebene niemand anderes auf, der das Geschriebene in irgendeiner Weise korrigieren könnte. Auch der zweite Erzähler berichtet von einem Ereignis, das er persönlich einst erlebt hat. Und der Schulmeister beteuert zwar, das Leben von Hauke Haien basierend auf objektiven Berichten erzählen zu wollen, jedoch verbindet er mit seinen Ausführungen subjektive Motive, die seine angeblich objektive Erzählung fragwürdig erscheinen lassen. Von Realitätsbezug kann insofern die Rede sein, als von Ereignissen erzählt wird, die sich so in der Realität zutragen könnten. Allerdings haben sie sich aber nicht wirklich zugetragen, denn das Erzählte bewegt sich immer im Rahmen einer fiktiven Erzählung, die der erste Erzähler einmal gelesen hat. Ein Bezug zur Realität wird weiterhin nicht zuletzt dadurch geschaffen, dass die Naturdarstellung eine so wichtige Rolle spielt.

Das Symbol ist im vorliegenden Fall der Deich, der verschiedene Aspekte der Binnenerzählung verdeutlicht. In Form von Deichmodellen wird er bereits am Anfang der Binnenerzählung eingeführt[482] - gewissermaßen als Ausdruck von Haukes mathematisch-geometrischem Interesse und seiner rationalen Geisteshaltung. Die anderen Dorfbewohner verschwenden keine Zeit darauf, kümmern sich bestenfalls um die Instandhaltung der überkommenen alten Deiche[483]. Insofern ist der Deich ein Symbol für ein rationales Weltverständnis und für Fortschrittsstreben. Dadurch steht er im Gegensatz zur abergläubischen Weltdeutung vieler Dorfbewohner. Hauke sucht den Deich auch immer wieder auf, da sich an ihm ganz real, aber auch sinnbildlich der Kampf zwischen Mensch und Natur abspielt. Er will diesen Kampf mitbestreiten und bereitet sich durch die Beobachtung des Meeres und die Planung neuer Deichprofile darauf vor. Das Deichbauprojekt nimmt Hauke letztlich in Angriff, weil

482 S. 20.

483 S. 17.

er seine angegriffene Ehre gegen seine Mitmenschen behaupten will. Die Erfindung zum Wohle der Gemeinschaft wird so zu einem banalen Prestigeobjekt, durch das Hauke sein angekratztes Ego aufbessern will. Das sollte aber gerade der Deich nicht sein, sondern ein Werk, das von der Allgemeinheit verantwortet wird und ihr dient. Dafür ist es notwendig, dass alle zusammenarbeiten. Indem darauf hingewiesen wird, dass der Deich schon lange hält, wird Haukes Projekt, so wie er es ursprünglich einmal angedacht hatte, als gut bewertet. Sein egoistischer Antrieb dazu wird aber durch den Schimmelreiterspuk als negativ kenntlich gemacht. Schließlich stellt der Deich auch eine Verbindung zwischen den beiden inneren Erzählebenen her, weil er in beiden auftaucht. Zudem bildet er auch für die zweite Erzählebene eine Art von thematischer Klammer: Die Handlung beginnt „bei starkem Unwetter auf einem nordfriesischen Deich" (S.9) und endet damit, dass der Reisende „über den Hauke-Haien-Deich zur Stadt hinunter"[484] reitet.

Ohne Zweifel ist *Der Schimmelreiter* durch einen pessimistischen Grundton geprägt. Dieser lässt sich natürlich festmachen an der ständigen Bedrohung der Menschen durch das Meer und die bedrohliche Naturschilderung allgemein. Hinzu kommen die Differenzen zwischen ihm und der Dorfgemeinschaft, wobei beide Seiten Fehler machen. Und unter Haukes Ehrgeiz muss sogar seine Familie leiden, und das, obwohl er gerade Elke und Wienke so liebt. Nicht nur Hauke macht Fehler: Gerade Ole Peters Verhalten provoziert Haukes Ehrgeiz, sein Einwand verhindert eine angemessene Reparatur des Deiches und viele andere machen Hauke zum Gottesfeind und Schreckgespenst. Der Pessimismus zeigt sich auch im Scheitern des Protagonisten, obwohl er eigentlich aktiver ist als übliche Novellenfiguren. Hauke Haien scheitert letztlich also an der Übermacht der Natur, an den Problemen seiner Mitmenschen mit ihm und umgekehrt, an seinem Ehrgeiz und trotz seiner hohen Aktivität bezüglich der Gestaltung seines Schicksals.

Festzuhalten bleibt: Im Schimmelreiter tauchen viele Merkmale der Novelle auf. Da ist die komplexe Rahmenstruktur zu nennen, die, eher untypisch, zur Entglaubigung des Erzählten dient. Im Mittelpunkt der Handlung steht kein besonderes Einzelereignis, sondern ein ganzes Menschenleben. Dennoch stellt Hauke Haiens Leben eine besondere Begebenheit dar. Allerdings zeichnet sich Hauke über lange Zeit durch eine für die Novelle völlig untypische Aktivität aus. Er entwickelt sich im Laufe seines Lebens in Auseinandersetzung mit seiner Umwelt und

484 S. 159.

er weist hierbei Ähnlichkeiten zum Helden im Entwicklungsroman auf. Auch hat die Novelle einen Wendepunkt, und zwar dann, als Hauke das Deichbauprojekt beschließt, obwohl Elke ihn davor warnt. Von da an erlebt er nur noch Widerstand. Die Rahmenstruktur der Novelle schließt eine erhöhte Objektivität aus, da auf allen Erzählebenen Unsicherheiten oder subjektive Eindrücke in den Überlieferungsprozess hineinwirken. Ein Realitätsbezug wird insofern hergestellt, als sich der erste Erzähler an eine fiktive Geschichte aus seiner Kindheit zurückerinnert. Die beiden anderen Erzähler kennzeichnen ihre Erzählung hingegen als realistisch. Das Symbol der Novelle stellt der Deich dar, der sinnbildlich für ein rationales Weltverständnis, für den Kampf mit der Natur und für das Prestige des Protagonisten steht und darüber hinaus die Novelle leitmotivisch umrahmt. Der Grundton der Novelle ist ein typisch pessimistischer.

Aufgrund dieser Erkenntnisse kann *Der Schimmelreiter* als eine Novelle bezeichnet werden.

6 *Der Schimmelreiter* im Kontext des Poetischen Realismus

Storm hat seine letzte Novelle 1888 fertiggestellt, in den späten Jahren des sogenannten Poetischen Realismus. Er selbst stand bezogen auf seine Lyrik und seine frühe Novellistik noch der Tradition der Romantik nahe; im Laufe der Jahre erreichten seine Novellen einen immer deutlicheren realistischen Anstrich. Dies gilt ohne Zweifel auch für den *Schimmelreiter*. In diesem Kapitel soll daher der Frage nachgegangen werden, inwieweit sich Storm für seine letzte Novelle realistischer Merkmale bedient hat. Zu diesem Zweck sollen zunächst einige allgemeine Informationen zum Poetischen Realismus gegeben werden. Daran soll sich ein Überblick darüber anschließen, wie sich der Poetische Realismus in Deutschland ausbreiten konnte, welche Ideen seine literarische Umsetzung beeinflussten und wodurch sich die einflussreichsten Dichter dieser Epoche auszeichneten. Überlegungen zur literarischen Umsetzung in den einzelnen Gattungen sollen allenfalls bezüglich der Novelle erfolgen, da der Poetische Realismus in Deutschland diese Gattungsform bevorzugte[485] und da es sich beim *Schimmelreiter* darüber hinaus um eine Novelle handelt. Danach soll eine Einordnung des *Schimmelreiter* in die Epoche vorgenommen werden.

Die Zeit des Poetischen Realismus wird in etwa von der gescheiterten Märzrevolution von 1848 bis zum Tod Theodor Fontanes 1898 angenommen. Für diese Epoche wurden in der Forschung verschiedene Begriffe vorgeschlagen, die einen jeweils anderen Zugriff auf die Literatur dieser Jahrzehnte ermöglicht. Der oft verwendete Begriff des Poetischen Realismus wurde von Otto Ludwig populär gemacht und beschreibt das Phänomen des Realismus unter literarisch-ästhetischen Gesichtspunkten, bezieht sich also auf das *Wie* der Darstellung. Eine weitere gängige Bezeichnung für die Epoche stellt der Begriff des Bürgerlichen Realismus dar, der den Realismus im Deutschland dieser Zeit aus einer eher soziologischen Perspektive beschreibt. Sein Gebrauch wird damit begründet, dass sich das literarische Geschehen in Deutschland in diesen gut fünfzig Jahren vorwiegend im Bürgertum abspielte. Im bürgerlichen Milieu wurde nämlich viel Literatur produziert und auch konsumiert und darüber hinaus hatten viele wichtige Autoren dieser Epoche einen bürgerlichen Hintergrund. In den Werken dieser Epoche schlägt sich dieser bürgerliche Hintergrund darin nieder, dass die dargestellte Welt auch eine bürgerliche ist und das Elend der Masse des Volkes nicht in den Blick

485 Vgl.: Aust 2006b, S. 207.

genommen wurde. Der Begriff bezeichnet also eher das *Was* der Darstellung. Über diese beiden Begriffe hinaus taucht auch der des Literarischen Realismus auf, der versucht, diese Literaturepoche in Deutschland möglichst neutral zu erfassen. Bis dato konnte sich die Forschung aber auf keinen der Begriffe festlegen. In diesem Kapitel wird der Begriff Poetischer Realismus zugrunde gelegt, um von ihm ausgehend wesentliche realistische Merkmale im *Schimmelreiter* vorstellen zu können.

6.1 Die Entstehung des Poetischen Realismus

Das Aufkommen des Poetischen Realismus in Deutschland ist auf verschiedene Faktoren zurückzuführen. Der Idealismus in der Philosophie und die Romantik in der Literatur hatten sich in den Jahrzehnten vor 1848 als nicht mehr zeitgemäß erwiesen. Während diese beiden nämlich noch das Spekulative und Verklärende im menschlichen Dasein betont und sich dadurch zunehmend von der Wirklichkeit abgewandt hatten, war es in den übrigen westeuropäischen Nationen durch eine verstärkte Fokussierung auf die Naturwissenschaften zu großen technischen Fortschritten gekommen. Da man auch in Deutschland die Vorteile aus dieser Entwicklung ziehen und nicht hinter den anderen Staaten zurückbleiben wollte, wurde die Forderung nach Realpolitik und mehr Realismus im Allgemeinen immer lauter. Realismus kann man hierbei in seiner alltäglichen Bedeutung verstehen, nach der damit „eine Haltung, [gemeint ist,] die [sich] durch besonderen Sinn für das Wirkliche, Sachliche, Maßvolle, Angemessene und Machbare“[486] auszeichnet. Realismus bedeutet zu dieser Zeit somit gegenüber der idealisierenden Romantik eine stärkere Hinwendung zur Realität und zum Zeitgeschehen, gleichzeitig aber auch das weitere Festhalten an gewissen Idealen[487], das gesunde Maß zwischen Ideal und Realität eben. Diese Grundeinstellung findet sich auch in der Literatur wieder. Die bekannteste Bestimmung des deutschen Realismusbegriffs ist Otto Ludwig zuzuschreiben, der den Begriff des Poetischen Realismus inhaltlich gefüllt und populär gemacht hat:

> Es handelt sich hier von einer Welt, [...] die in der Mitte steht zwischen der objektiven Wahrheit in den Dingen und dem Gesetze, das unser Geist hineinzulegen gedrungen ist, eine Welt, aus dem, was wir von der wirklichen Welt erkennen, durch das in uns wohnende Gesetz wieder geboren. Eine Welt, in der

486 Zitiert nach: Balzer 2006, S. 10.

487 Vgl.: Balzer 2006, S. 42.

> die Mannigfaltigkeit der Dinge nicht verschwindet, aber durch Harmonie und Kontrast für unsern Geist in Einheit gebracht ist; [...].[488]

Die Aufgabe des realistischen Dichters besteht also darin, zwischen nachweisbaren Erscheinungen der Wirklichkeit einerseits und einer übergeordneten Idee des Geistes andererseits zu vermitteln, indem er das real Wahrgenommene mit seinem Verstand ordnet. Das Streben nach einem Ideal oder einem bestimmten Ziel ist dabei jederzeit legitim, solange das sinnlich Wahrnehmbare als Ausgangspunkt immer respektiert wird. Umgekehrt heißt das aber auch, dass das Ziel nicht nur eine bloße Wirklichkeitskopie ohne jeglichen Sinn sein sollte. Der Poetische Realismus stellt demnach „eine produktionsästhetische Richtschnur [dar], die eine Synthese zwischen genauer Wirklichkeitskopie und idealisierender Überhöhung anstrebt“[489].

Der Vermittlerrolle zwischen Ideal und Realität ist es zu schulden, dass in der Literatur des Poetischen Realismus vorwiegend Stoffe im Zusammenhang des bürgerlichen Umfelds aufgegriffen wurden. Im bürgerlichen Milieu war der Graben zwischen den beiden Polen in den Augen der Literaten nämlich relativ gering und ihre Vermittlung von daher weniger aufwendig. Doch dieser eingeschränkte Blick auf die Realität - nämlich nur auf das Bürgertum - war alles andere als realistisch, da schlichtweg zu selektiv[490]. Dennoch wurde diese Sichtweise auf die Welt genau so im Poetischen Realismus stark gemacht, unter anderem von Theodor Fontane, der das „nackte Wiedergeben alltäglichen Lebens, am wenigsten seines Elends und seiner Schattenseiten“[491] ablehnte.

6.2 Literarische Umsetzung

Der Poetische Realismus nimmt also zwischen Ideal und Realität eine Vermittlerrolle ein. Ziel dieser Vermittlung ist es, das sinnlich Wahrgenommene zu ordnen und in einen Kontext zu setzen. Die Grundidee und die Zielsetzung des Realismus sind damit in etwa umrissen. Nun stellt sich die Frage, durch welche Merkmale sich realistische Literatur demnach auszeichnen sollte.

Vorab sei darauf hingewiesen, dass sich der Poetische Realismus durch keine eindeutige Programmatik oder literarische Umsetzung auszeichnet. Dennoch lassen sich einige Aspekte feststellen, die große Teile der

488 Plumpe 1985, S. 148f.
489 Aust 2000, S. 24.
490 Vgl.: Ort 2007, S. 16f.
491 Zitiert nach: Balzer 2006, S. 44.

realistischen Literatur verbinden. Die Vorgehensweise der realistischen Dichter bei der Verkündung ihres Programms ist jedenfalls insofern bemerkenswert, als diese radikal mit den Leitideen der Romantik abschließen und stattdessen „etwas Neues proklamier[en]"[492]. Und dieses Neue besteht in der Abwendung vom bloßen Ideal hin zur Orientierung an der Realität.

Zunächst einmal soll der realistische Dichter in Anlehnung an eine Formulierung Fontanes „hinein ins volle Menschenleben"[493] greifen, sich für sein Werk im Alltäglichen bedienen. Dies stelle eine Widerspiegelung der Wirklichkeit dar. Allerdings ist genau dieser Begriff aber insofern missverständlich, als der Dichter eben kein exaktes Spiegelbild der Natur geben will. Vielmehr strebt er danach, die Realität zu erfassen, sie dann zu sortieren und Unwichtiges herauszufiltern. Er gibt von der Realität also nur das wieder, was ihm als allgemeine Gesetzmäßigkeit erscheint oder in seinen Augen überzeitliche Gültigkeit hat[494].

Dabei ist zu beachten, dass dieses Wichtige nicht isoliert betrachtet wird, sondern in einen größeren Zusammenhang eingebettet ist. Der realistische Dichter soll sich demnach vieler Aspekte und Motive aus dem alltäglichen Leben bedienen und diese in nachvollziehbaren Zusammenhängen und auch in ihren Widersprüchen darstellen. Denn erst in seinen komplexen Zusammenhängen, die sich teilweise auch einem vernünftigen Urteil entziehen können, kann das Dargestellte als realistisch erscheinen. Würde man es dagegen isoliert betrachten oder alle Widersprüche würden aufgelöst, wäre der Eingriff des Dichters doch viel zu deutlich. Durch diese Vorgabe kann der Dichter seine Aufgabe wahrnehmen, den Einzelfall als Beispiel anzuführen.

Darüber hinaus sind gewisse Tendenzen zur Verklärung spürbar. Das spiegelt sich unter anderem wider in der bewussten Auslassung der Schattenseiten des Lebens, und im Humor. Begründet wurden diese beiden Aspekte folgendermaßen:

> Die gemeine Wirklichkeit ist immer Karikatur, braucht daher entweder eine komische oder eine ideale Auflösung, um überhaupt Poesie zu werden.[495]

Demnach ist die bloße Naturkopie nicht die Realität, sondern nur ein Zerrbild. Dieses Problem kann nur umgangen werden, indem man die Idee berücksichtigt, die dem Abzubildenden zugrunde liegt. Ist dies nicht möglich, bleibt immer noch der Humor, der beispielsweise dazu

---

492 Aust 2006b, S. 49.

493 Zitiert nach: Balzer 2006, S. 43.

494 Vgl.: Daemmrich 1998, S. 16.

495 Plumpe 1985, S. 133.

dienen kann, als Dichter kritisch Stellung zur Dumpfheit der Figuren im eigenen Werk zu beziehen. So kann das Dargestellte vom Leser besser als Zerrbild der Realität erkannt und verstanden werden[496].

Die realistische Literatur zeichnet sich auch durch einen hohen Detailrealismus aus. Es werden viele Details geschildert, die eigentlich nichts zum Fortschritt der Handlung beitragen. Der Erzähler hält in diesen Passagen das Geschehen in der erzählten Zeit an und wendet sich einer genauen Beschreibung von Details zu. Dies bedeutet jedoch nicht, dass diese völlig unwichtig oder unnötig sind. Im Gegenteil sind genau sie es, die in der Handlung auf die Realität verweisen und so einen Bezug zwischen der literarischen Fiktion und der Wirklichkeit herstellen. Details tauchen oft in Form von ziemlich genauen Angaben zu Ort und Zeit der Handlung auf, wodurch zum einen eine historische Einordnung möglich wird und zum anderen eine kohärente Handlung ohne Zeitsprünge gewährleistet wird. Zudem sind eingehende Beschreibungen der Wohnverhältnisse oder der Bekleidung der Figuren möglich[497]. Die Handlung hält sich dabei aber nicht unnötig an Schilderungen von Details auf, sondern orientiert sich nur an denen, die den realistischen Charakter der Erzählung unterstreichen.

Der Roman und vor allem die Rahmennovelle als die tragende Gattung des Realismus belegen noch einen wichtigen Aspekt der literarischen Umsetzung. In beiden Gattungen tritt der Erzähler nämlich nicht als allwissend auf und kann das Geschehen demnach nicht vollständig überblicken. Ganz im Gegenteil wählt der Erzähler die Möglichkeit des personalen Erzählens und tritt in der Begrenztheit eines einzelnen Menschen auf. Auch bemüht er sich immer darum, seinen Anteil am Erzählprozess deutlich zu machen[498]. Im Falle der Rahmennovelle wird dies ganz einfach durch die Rahmung erreicht.

6.3 Repräsentative Autoren

Im Zuge der Realismusforschung hat sich ein Kanon von fünf Autoren herauskristallisiert, die als repräsentativ für die Erzählliteratur des deutschsprachigen Realismus angesehen werden. Zu diesen zählen neben Theodor Storm demnach Gottfried Keller, Wilhelm Raabe, Conrad Ferdinand Meyer und Theodor Fontane. Im Folgenden soll ein kurzer Überblick über das Werk dieser Literaten gegeben werden.

---

496 Vgl.: Balzer 2006, S. 44f.
497 Vgl.: Aust 2000, S. 34f.
498 Vgl.: Cowen 1985, S. 176.

Gottfried Kellers (1819-1890) Werk zeichnet sich vor allem durch die Auseinandersetzung mit seiner Schweizer Heimat und durch die Zielsetzung aus, zwischen Individuum und Gesellschaft zu vermitteln. Die Aussage seiner Novellen will er weniger überzeitlich geltend machen, als vielmehr am Beispiel der Gegenwart verdeutlichen. Im Novellenzyklus *Die Leute von Seldwyla* zeichnet er das Bild einer überschaubaren Dorfgemeinschaft, die er zunehmend kritisch und mit distanziertem Humor betrachtet. Das tragische *Romeo und Julia auf dem Dorfe* muss ohne diesen Humor auskommen. Thematisch werden diese Novellen durch die Themen Wirtschaft und Politik zusammengehalten. Darüber hinaus verfasst Keller die *Züricher Novellen*, in denen er historische Stoffe aufgreift.

Wilhelm Raabe (1831-1910) fasst Gesellschaft als einen Zustand auf, in dem der Einzelne durch verschiedenartige Prozesse eingeengt ist und in seinem Handeln bedingt wird. Er zeichnet in seinem Werk oftmals Porträts von Einzelgängern, die sich von der Gesellschaft abgesondert selbst verwirklichen wollen. Anfangs versucht er in seinem Werk noch, die reaktionären Vorbehalte gegenüber Aufklärung und Klassik zu bekämpfen und gleichzeitig dem zunehmenden Materialismus entgegenzutreten. Dabei ist er tendenziell auf die Harmonisierung zwischen Altem und Neuem bedacht. Sein Erzählen bewegt sich stets zwischen den Polen von Selbstverwirklichung und gesellschaftlicher Realität. Später muss er einräumen, dass man sich den gesellschaftlichen Prozessen nur durch den völligen Ausstieg aus der Gesellschaft entziehen kann. Auch Raabe greift historische Ereignisse auf, allerdings nicht, um Vergangenheit als faktisches Wissen zu vermitteln oder um sie wiederzubeleben. Vielmehr will er dadurch deutlich machen, dass es schwierig ist, das Vergangene mit Sinn zu versehen.

Conrad Ferdinand Meyer (1825-1898) greift für seine Werke bevorzugt historische Stoffe auf. Er fragt dabei nach dem Sinn des Historischen und sieht vor allem die Begrenzung des Einzelnen. Er bedient sich fast ausschließlich der Technik der Rahmung, wodurch er zum einen eine Distanz zum Erzählten bewirkt und zum anderen das Erzählte als glaubwürdig darstellen kann. Sein Erzählen bewegt sich dabei immer „zwischen tatsächlich Geschehenem und der Erinnerung“[499]. Sowohl die Handlung als auch die Figuren sind auf das Notwendigste ausgelegt und der Konflikt zwischen Selbst- und Fremdbestimmung wird betont.

Theodor Fontane (1819-1898) schließlich beschränkt sich in seinem Werk auf die Darstellung des gehobenen Bürgertums. Auch wenn er sich nicht

499 Rötzer 1990, S. 215

der Probleme der unteren Gesellschaftsschichten annimmt, ist er durchaus als Kritiker seiner Zeit zu verstehen, insofern er bestimmte Verhaltensweisen im bürgerlichen Stand vorführt und kritisiert. Dabei tritt er jedoch nicht als allwissender Erzähler auf, sondern bevorzugt lange Gesprächspassagen. Ein Urteil über die Figuren kann somit nur der Leser fällen, denn der Erzähler erlaubt sich keins. Thematisch beschäftigt sich Fontane vornehmlich mit Figuren, die wegen ständischer oder anderer gesellschaftlicher Normen große private Probleme aushalten müssen. Vor allem an den dargestellten Liebesbeziehungen lässt sich in seinem Werk demnach vieles ablesen.

Die Literatur des Poetischen Realismus ist durch die Hinwendung zur Realität gekennzeichnet. Anstatt Wirklichkeit jedoch einfach nur zu kopieren, sieht der Dichter seine Aufgabe darin, die Realität wahrzunehmen, sie zu sortieren und Unwichtiges herauszufiltern. Ziel ist die Feststellung von Gesetzmäßigkeiten im Gang der Welt. Dennoch kann das Dargestellte erst in seiner Komplexität und seinen Widersprüchlichkeiten als realistisch erscheinen. Dabei verweigert sich der Realismus aber ganz bewusst der Schilderung der Schattenseiten des Lebens. Darüber hinaus soll durch einen hohen Detailrealismus der realistische Charakter des Erzählten betont werden. Der Erzähler selbst tritt nicht als allwissend auf, sondern er betont seine menschliche Begrenztheit und seinen Anteil am Erzählprozess. Die Rahmennovelle stellt im Realismus neben dem Roman die populärste Darbietungsform dar.

Die bedeutendsten Literaten der Epoche zeichnen sich durch eine kritische Haltung gegenüber den gesellschaftlichen Verhältnissen aus. Sie begreifen die Bestimmung des Individuums durch gesellschaftliche Umstände als dessen Begrenzung. Während allerdings Keller und Fontane ihre Werke in der Gegenwart ansiedeln, konzentrieren sich Raabe und Meyer auf die Vergangenheit.

6.4 *Der Schimmelreiter* – Versuch einer Einordnung

Einmal mehr fällt als Erstes die komplexe Rahmenstruktur der Novelle auf, mit der Storm die damals beliebteste literarische Gattung, noch vor dem Roman, aufgreift. Sie erfüllt für den realistischen Anspruch der Novelle mehrere Funktionen. Mit ihrer Hilfe wird das Geschehen etwa 150 Jahre in die Vergangenheit zurückverlegt, konkret wird einmal das Jahr 1756 angegeben[500]. Hiermit wird auf ein beliebtes Stilmittel des

500 S. 142.

Poetischen Realismus zurückgegriffen, das auch Raabe und Meier verwenden. Der Schulmeister will das Leben von Hauke Haien mit diesem kleinen Detail als historischen Fakt kennzeichnen. Inwieweit das allerdings auch die Intention des äußeren Erzählers ist, bleibt fraglich, denn der bleibt relativ unkonkret, indem er auf einen etwa fünfzig Jahre zurückliegenden Umstand Bezug nimmt und dann auch noch die Fiktionalität des nun Folgenden betont.

Die Betonung des nun Folgenden als einer fiktionalen Geschichte steht wiederum in einem engen Zusammenhang zum Übernatürlichen beziehungsweise zum Spuk, an dessen Realität im zweiten Rahmen kaum Zweifel bestehen. Da der Anspruch im Poetischen Realismus der war, sich der sinnlich wahrnehmbaren Realität zu bedienen, gab es für irrationale oder übernatürliche Elemente in der Literatur eigentlich keinen Platz. Das Übernatürliche spielt aber nun im Schimmelreiter eine wichtige Rolle. Doch

> [d]urch die Vielzahl der Erzähler [...] wird die Perspektivität des Erzählens selbst thematisiert, das Erzählen als Erinnerungsleistung darüber hinaus von der Wahrheitsverpflichtung entbunden.[501]

Storm verstößt somit nicht gegen ein Grundprinzip des Realismus, indem er den Schimmelreiter erscheinen lässt. Er gibt das Erzählte nämlich nicht als real aus, sondern lässt den ersten Erzähler zu Beginn deutlich machen, dass es nachfolgend um das Erinnern einer Fiktion geht. Der Spuk wird demnach - wie bereits in Kapitel 4.1.4 festgestellt - möglich, weil mit dem Niederschreiben der Geschichte letztlich kein Realitätsanspruch verbunden ist.

Die Rahmung verdeutlicht zudem - typisch für den Realismus - die Begrenztheit aller Erzähler im Erzählprozess. Der erste Erzähler weiß zwar von Beginn an, wie die Geschichte von Hauke Haien ausgehen wird, aber er macht zugleich deutlich, dass er sich nicht für sein Erzählen verbürgen kann; zudem sind viele Jahre vergangen, seit er die Geschichte gelesen hat. Der zweite Erzähler berichtet von einer persönlich erlebten Erzählsituation, die schon etwas länger her ist. Er weiß zwar, wie alles ausgeht, aber letztlich muss er - und mit ihm der erste Erzähler - sich auf das scheinbar neutrale Urteil des Schulmeisters verlassen. Dieser wiederum will bei seiner Darstellung objektiv wirken, doch es wir bald klar, dass er genau das nicht ist. Zudem ist er nicht fähig, scheinbar Objektives zu vermitteln, ohne Aberglauben in seine Schilderung mit aufzunehmen. Demnach ist jeder Erzähler in gewisser Weise begrenzt und

501 Reichelt 2001, S. 164.

die relativ starke Position des Schulmeisters wird zusätzlich dadurch abgeschwächt, dass er eine fiktive Gestalt ist.

Durch die drei Erzähler wird auch der Umstand thematisiert, dass der realistische Dichter die Realität sortiert und nur das wiedergibt, was ihm wichtig erscheint oder lange im Gedächtnis geblieben ist. Auf der Ebene der Binnenerzählung kommt es natürlich auch zu diesem Sortierungsprozess. Sie ist auf Hauke ausgerichtet und es gibt nur wenige Szenen, in denen er nicht auftaucht. Sein gesamtes Leben wird erzählt, aber nicht in unwichtigen Details, sondern nur anhand von Ereignissen, die entweder markante Einschnitte in seinem Leben bedeuten oder sich leitmotivisch durch sein Leben ziehen. Ein Beispiel für den ersten Fall stellt die Tötung des Angorakaters dar, denn dabei ist Hauke ungewohnt irrational. Exemplarisch für den zweiten Fall ist Haukes rationales Denken, das sich zum Beispiel einmal im Lesen des Euklid zeigt, ein andermal im Bau von kleinen Deichmodellen und wieder ein anderes Mal, als Hauke auf dem Deich stehend den neuen Deich im Geiste errichtet.

Der Detailrealismus zeigt sich vorrangig in Naturbeschreibungen. Am Anfang der Novelle beschreibt der Reisende seine Wahrnehmungen während des Unwetters dezidiert. Aber auch in der Binnenerzählung kommt es oft zu realistischen Beschreibungen. Wenn die Natur dargestellt wird, dient das meist dazu, den realistischen Eindruck zu verstärken, stellenweise werden diese Passagen zudem mit einer tieferen Bedeutung, wie der Übermacht der Natur, aufgeladen; entsprechende Beispiele wurden im entsprechenden Kapitel bereits angeführt. Darüber hinaus wird unter anderem das Zimmer des Deichgrafen detailliert beschrieben, als Hauke dort eine Anstellung bekommen soll[502] und später, als Hauke sich dort mit Elke aufhält[503]. Die dabei vermittelten Einzelheiten geben dem Geschehen mit Einschränkungen ein regionales Gepräge und ermöglichen vielleicht sogar eine ungefähre zeitliche Einordnung. In der zweiten Rahmenerzählung leistet die Beschreibung des Schulmeister-Zimmers einen Beitrag zur Unterstützung von dessen intellektuellem Auftreten[504].

Hauke Haien wird als Einzelgänger dargestellt, ähnlich wie die Protagonisten in Raabes Novellen. Er ist keine einfach gestrickte Figur, auch wenn seine rationale Seite überbetont ist. Meistens ist es der Vernunftmensch, aber teilweise kommt bei ihm eine Neigung zu irrationalem Handeln zum Vorschein. Gegenüber den meisten Mitmenschen ist er

502 S. 33.
503 S. 38.
504 S. 64.

streng und rücksichtslos, seine Familie hingegen liebt er sehr. Neben dieser respektiert er Jewe Manners und Elkes Vater, obwohl gerade dieser träge Genussmensch das genaue Gegenteil von Hauke ist.

Ebenso wird die Dorfgemeinschaft relativ differenziert dargestellt: Viele können sich mit Haukes Projekt anfangs nicht anfreunden, weil sie die hohen Belastungen fürchten. Manche erkennen Haukes Idee aber sogar als Resultat „gewissenhaften Fleiß[es]“[505] an und wägen ruhig Vor- und Nachteile ab. Die Skeptischen verhalten sich gegenüber Hauke aber nicht so, weil sie ihn hassen. Sie haben berechtigte Bedenken und artikulieren diese. Hass oder offene Feindschaft kommen erst auf, als sich beide Seiten zusehends voneinander entfremden.

Der Schimmelreiter kann ohne Weiteres als eine Kritik der gesellschaftlichen Umstände gelesen werden, wie dies auch für viele Werke von Storms Zeitgenossen der Fall ist. Dabei ist eine Akzentuierung in zweierlei Hinsicht möglich. Einerseits bietet die Novelle durchaus genügend Potential, Aberglauben und mythisches Denken als überkommene Form der Weltdeutung bloßzustellen. Die Novelle führt am Beispiel der Verteufelung Haukes vor, welche schlimmen Konsequenzen eine solche Weltsicht haben kann. Es stellt sich von daher die Frage, inwieweit ein mythisch beeinflusstes Denken für eine Gesellschaft tragbar ist oder ob es vielleicht sogar pauschal abzulehnen ist. Daneben klingt an, dass gerade mythisches Denken Teilgebiete der Wirklichkeit erfassen kann, die sich der menschlichen Vernunft entziehen. Andererseits wird der ungebrochene Glaube an den Fortschritt der Technik zur Diskussion gestellt. Dabei ist Haukes Deich fraglos als Errungenschaft mit großem Nutzen zu würdigen, jedoch stellt sich auch die berechtigte Frage, zu welchem Preis dieser erkauft wird. Technischer Fortschritt erscheint hier als etwas zu Befürwortendes, allerdings muss die soziale Verantwortung stets das letzte Kriterium sein, an dem sich der Fortschritt zu orientieren hat. Es sollte stets überlegt werden, zu welchem Preis Fortschritt erworben wird. Für diese beiden Lesarten der Novelle ist es notwendig, einzelne Aspekte zu betonen und andere schwächer zu gewichten oder ganz außen vor zu lassen. Am ehesten wird man dem Text wohl damit gerecht, dass man die Wahrheit zwischen diesen beiden Positionen sucht und Pauschalurteile vermeidet. Es klingt daneben auch die Frage danach an, wie sich der Einzelne in seinem Willen zur Selbstverwirklichung gegenüber der Gemeinschaft verhalten soll, und umgekehrt, wie die Gemeinschaft damit umgehen soll. Die Selbstregulation des Indivi-

505 S. 104.

duums ist hier zweifellos ebenso notwendig wie die Regulation, die von außen die Gemeinschaft erfolgt.

Der Schimmelreiter weist somit einige Aspekte realistischer Literatur auf. Durch die komplexe Rahmenstruktur wird das vom Schulmeister Erzählte in der Vergangenheit fixiert und als Teil der Realität ausgewiesen. Letztlich wird der Bezug zur Vergangenheit aber durch die Erinnerungssituation des ersten Erzählers hergestellt. Die Rahmung ermöglicht es dem Erzähler, Spukelemente als Teil der Fiktion einzuführen, was in der realistischen Literatur eigentlich sonst nicht möglich ist. Auch bekunden alle Erzählfiguren ihre Begrenztheit am Erzählprozess. Der Schulmeister-Erzähler sortiert die Realität in der Binnenerzählung deutlich, indem er die Handlung völlig auf Hauke ausrichtet und wichtige Erlebnisse in dessen Leben schildert. Der für den Poetischen Realismus typische Detailrealismus zeigt sich in eingehenden Naturdarstellungen, die sich durch die gesamte Handlung ziehen und in vereinzelten Raumbeschreibungen. Detailliert und komplex werden auch Hauke und die Dorfbevölkerung in ihrem Verhältnis zueinander beschrieben. Keine der beiden Seiten ist nur Feind des anderen, sondern mehr. Darüber hinaus bietet *Der Schimmelreiter* mehrere Anknüpfungspunkte für eine gesellschaftskritische Deutung.

7 Wirkungsgeschichte

Der Schimmelreiter verkaufte sich anfangs nur schwer. Dies lag vermutlich daran, dass Storm oftmals als provinzieller Dichter bezeichnet wurde und dadurch in einem Land des industriellen Aufschwungs fehl am Platz wirkte. Erst im Laufe der Jahrzehnte konnte seine Novelle Breitenwirkung erzielen, nachdem ihre Schutzfrist 1918 abgelaufen war und nun günstige Ausgaben angeboten wurden. In der Wirkungsgeschichte von *Der Schimmelreiter* lassen sich neben diesem Umstand drei Phasen der Rezeption ausmachen. Im Folgenden soll diese im Wilhelminischen Kaiserreich, zur Zeit der Weimarer Republik und des Nationalsozialismus, sowie nach Ende des Zweiten Weltkriegs umrissen werden; daran schließt sich ein knapper Überblick über die drei Verfilmungen an[506].

7.1 Die *Schimmelreiter*-Rezeption im Kaiserreich

Eine erste Beurteilung seiner letzten Novelle konnte Storm noch selbst entgegennehmen. So lobte Paul Heyse sie überschwänglich als ein „gewaltiges Stück, das mich durch und durch geschüttelt, gerührt und erbaut hat"[507]. Erich Schmidt würdigte das Thema der Novelle als „zeitgemäß"[508] und betonte darüber hinaus die „Verbindung des Abergläubisch-Geheimnißvollen mit dem sachkundigen Realismus, der da weiß, wie man Deiche baut u.s.w. wie die Flut frißt u.s.w."[509].

Nach diesen ersten uneingeschränkt positiven Rückmeldungen war Wilhelm Brandes einer der ersten Zeitgenossen Storms, die Kritik am *Schimmelreiter* übten. Er erkannte zwar die Charakterstudie Hauke Haiens und die Schilderung der Natur und der Menschen als durchaus gelungen an, jedoch problematisierte er das Element des Dämonischen. Seiner Meinung nach habe dieses die Geschlossenheit der Novelle aufgeweicht, wenn es sie auch mit Stimmung aufgeladen habe. Die größere Schwäche sah Brandes aber in der doppelten Rahmung, wodurch ihm der mündliche Überlieferungsprozess des Schulmeisters durch Sprache und Aufbau zu kunstvoll wirkte[510].

Moritz Necker erkannte 1889 Parallelen zwischen Goethes Faust und Hauke Haien, was das Deichbauprojekt angehe. Jedoch werde Hauke durch Eitelkeit und Ehrgeiz angetrieben, während der alte Faust noch

506 Vgl. u.a.: Hildebrandt 1990, S. 84ff.

507 Heyse an Storm, 2. Mai 1888; In: Bernd 1974, S. 173.

508 Schmidt an Storm, Mai 1888; Zitiert nach: Weinreich 1997, S. 84.

509 Ebd.

510 Vgl.: Brandes 1888; In: Wagener 2001, S. 78-80.

immer auf der Suche nach der Wahrheit sei. Auch gab Necker den Anstoß zu der Überlegung, ob *Der Schimmelreiter* denn als Novelle oder als Roman bezeichnet werden müsse. So verwies er auf die romanhafte Darstellung eines ganzen Menschenlebens einerseits und auf die angewandte Novellentechnik andererseits[511].

Nach ersten Interpretationen, die sich auf formaler und inhaltlicher Ebene mit der Novelle auseinandergesetzt hatten, kam es zu einer spürbaren Zäsur in der Rezeption des Werkes. Als einschneidend für die weitere Interpretation muss dabei eine Deutung Clara Lents bezeichnet werden. Sie missachtete in dieser die Schuld des Deichgrafen, ließ entsprechende Textstellen in der Novelle selbst und entsprechende Kommentare Storms dazu außer Acht und funktionierte Hauke Haien sogar zur Helden- und Herrscherfigur um. Damit war die Grundlage dafür gegeben, ihn als „mythische Verkörperung des nordischen Übermenschen“[512] zu etablieren. In dieser Deutung stand Lent aber nicht alleine da, sondern traf durchaus den Nerv einer Zeit, in der Deutschland im Angesicht des Kaisers als einer alleinigen politischen Leitfigur lebte. Durch eine ähnliche Einschätzung Wilhelm Lobsiens unterstützt war so die Grundlage dafür gegeben, den *Schimmelreiter* im Sinne der bald aufkommenden Ideologie der Nationalsozialisten zu missdeuten[513].

7.2 Rezeption nach dem Ersten Weltkrieg und im Nationalsozialismus

Die Idee von Hauke Haien als einem einsamen Helden hatte entscheidenden Einfluss darauf, dass *Der Schimmelreiter* nach dem Ende des Ersten Weltkriegs als Lektüre Einzug in die Schulklassen hielt. 1920 erschien eine bereits drei Jahre zuvor verfasste Unterrichtshilfe des Oberlehrers Rübmann. Dieser verstand die Novelle als Hilfe zur „Gestaltung eines Männerlebens“[514] und die Rolle Elkes in der Unterstützung ihres Mannes. Haukes Ehrgeiz deutete er weiterhin nicht als Charakterschwäche, sondern verstand sie als produktive Kraft. Inwieweit diese Interpretation vom Glauben an die eine Führergestalt beeinflusst ist, soll an dieser Stelle nicht geklärt werden. Es muss aber doch angemerkt werden, dass Freund in Rübmanns Arbeit durchaus „die Konturen einer präfaschistischen Führerideologie“[515] erkennt. Hildebrandt schätzt den Auf-

---

511 Vgl.: Necker 1889; In: Wagener 2001, S. 81-83.
512 Freund 1984, S. 115.
513 Vgl.: Freund 1984, S. 109-111.
514 Zitiert nach: Freund 1984, S. 111.
515 Freund 1984, S. 111.

satz hingegen als „ideologisch weitgehend unbedenklich[-]"[516] ein. Nach der Erfahrung der Kriegsniederlage verwundert es nicht, dass die Novelle in der Folgezeit in ihrer Aussage völlig falsch interpretiert wurde. Als Reaktion auf die „Schmach von Versailles" war man - allen voran deutsche Germanistik-Professoren - darum bemüht, Hauke Haien als „nordischen Rassemenschen"[517] zu interpretieren. Auch verschaffte sich schon Jahre vor Hitlers Machtergreifung Eilhard Erich Pauls mit seiner Deutung Gehör, nach der sich Hauke Haien als einsame Führergestalt über die Masse der Menschen erhebe, da sie seiner Führung bedürfe.

Überhaupt sind vor allem gegen Ende der Weimarer Republik und erst recht nicht mehr im NS-Staat Interpretationen des *Schimmelreiter* zu finden, die frei wären von der *Blut-und-Boden*-Ideologie der Nationalsozialisten. Auch die beiden mehr oder weniger wissenschaftlichen Annäherungen an die Novelle von Wolfgang Kayser (1938) oder Franz Stuckert (1940) sind von diesem Geist durchwirkt. Weinreich kritisiert sie heftig für ihr Vokabular, mit dem sie die „Kräfte des Blutes"[518] und die „Blutgemeinschaft von Führer und Volk"[519] beschworen. Der ideologische Zugriff auf die Novelle war in dieser Zeit sehr stark ausgeprägt und ließ neben sich keine anderen zu. Selbst Thomas Mann konnte mit einem Aufsatz über Storm aus dem Jahr 1930 keinen entscheidenden Einfluss auf die Rezeption der Novelle nehmen[520].

7.3 Die Werksrezeption nach 1945

Eine ernsthafte Auseinandersetzung mit dem *Schimmelreiter* findet erst seit dem Ende des Zweiten Weltkriegs statt. 1955 erschien in den *Schriften der Theodor-Storm-Gesellschaft* eine aus dem Englischen übersetzte Interpretation des amerikanischen Literaturwissenschaftlers Walter Silz. Dieser zeichnet ein Bild von Hauke als einem ehrgeizigen Individuum mit hohem Schöpferdrang, das der Kritik seiner Umwelt nichts entgegenzusetzen weiß und schließlich an seinem Ehrgeiz und seiner Emotionalität scheitert. Nur seine ‚Schöpfung', der Deich, hat darüber hinaus Bestand[521].

---

516 Hildebrandt 1990, S. 88.

517 Zitiert nach: Weinreich 1997, S. 88.

518 Zitiert nach: Weinreich 1997, S. 89.

519 Ebd.

520 Vgl.: Weinreich 1997, S. 87-89.

521 Vgl.: Silz 1955.

Von großer Bedeutung für die deutsche *Schimmelreiter*-Forschung nach 1945 sind verschiedene Arbeiten Karl Hoppes (1949), Felix Schmeißers, Andreas Buschs und Fritz Krügers. Hoppe hatte die lange Zeit als verschollen geglaubte Vorlage für Storms Novelle gefunden, die drei Übrigen konzentrierten sich in ihren Untersuchungen auf den Ort und das Brauchtum in der Handlung. Dies ist wohl als Reaktion auf die ideologisch verfälschten Deutungen der Novelle in den Jahrzehnten davor zu verstehen. Diese Grundlagenforschung setzte sich auch in den 70er Jahren fort. Stellvertretend werden hier Karl Ernst Laage und Reimer Kay Holander genannt, die sich auf Nachforschungen rund um die Novelle konzentrierten. Laage hat sich darüber hinaus als Vorsitzender der *Theodor-Storm-Gesellschaft* und als Herausgeber der *Schriften der Theodor-Storm-Gesellschaft* in besonderem Maße um die Storm- und die Schimmelreiter-Forschung verdient gemacht.

Neue Impulse gab darüber hinaus 1956 Peter Goldammer als Herausgeber von Storms *Sämtlichen Werken*. Er kritisierte in seiner Interpretation die „einseitige Heroisierung des Deichgrafen“[522] und machte stattdessen die historische Perspektive und den sozialen Konflikt als Kern der Novelle stark. Der auch in dieser Arbeit mehrfach zitierte Lothar Wittmann (1964) ließ den sozialen Konflikt außer Acht und verschob Haukes Schuld vor einem christlichen Deutungshorizont in jenseitige Sphären und arbeitete „die im Text enthaltene [und bis dahin vernachlässigte; L.M.] Rationalismuskritik“[523] stärker heraus. Ernst Loeb zog bereits bekannte Parallelen zwischen Hauke Haien und Faust und problematisierte Haukes völlige Isolation. Jost Hermand folgend ist der Deichgraf als eine Warnung vor dem „großen Einzelnen, de[m] mythischen Übermenschen“[524] zu verstehen. Hartmut Vinçon arbeitete 1972 den gesellschaftskritischen und politischen Gehalt der Novelle stärker heraus.

Abschließend sei noch auf die Interpretationen Freunds (1984), Hildebrandts (1990) und Weinreichs (1997) verwiesen, die einen wesentlichen Einfluss auf diese Arbeit ausgeübt haben. Der Vorzug dieser ist in der detaillierten Analyse und Interpretation der Novelle und m.E. in den didaktischen Anregungen zu sehen.

---

522 Freund 1984, S. 117.

523 Fasold 1997, S. 159.

524 Hermand 1965, S. 42.

7.4 *Schimmelreiter*-Verfilmungen

Insgesamt existieren drei Verfilmungen der Novelle. Die erste stammt von 1933 und wurde von Curt Oertels inszeniert; die Hauptrollen spielte Mathias Wiemann. Die Meinungen über den Film sind bis heute gespalten. Einerseits wird darauf hingewiesen, dass er vom Reichsministerium für Volksaufklärung und Propaganda das Prädikat „künstlerisch und besonders wertvoll" erhielt. Dies hängt gewiss damit zusammen, dass Hauke Haien als willensstarker Führer in Szene gesetzt wurde. Dies entsprach durchaus dem Zeitgeist der 1930er Jahre und genau dadurch wurden Assoziationen zu Adolf Hitler geweckt, dessen Machtergreifung im gleichen Jahr stattfand. Da verwundert folgende Filmkritik aus der Familienzeitschrift *Daheim* kaum: „Dieser Film ist sehr zeitgemäß. ‚Blut und Boden' heißt sein Inhalt. Der Führergedanke lebt darin..."[525]. Der Film ist diesbezüglich deshalb mit Vorsicht zu betrachten. Andererseits wird aber bis heute noch seine „[r]ealistische Detailtreue"[526] anerkannt, die sich in der Ausstattung und der Wahl der Schauplätze niederschlug. Inhaltlich wurde der komplette Wienke-Handlungsstrang ausgelassen, höchstwahrscheinlich, weil die Behinderung des Kindes dem ‚Führer' Hauke Haien nicht gut zu Gesicht gestanden hätte. Darüber hinaus wurde das Motiv des Gespensterreiters und mit ihm das Spukelement zurückgedrängt und im Gegenzug das Motiv der Landgewinnung betont.

Eine weitere Verfilmung entstand unter der Regie von Alfred Weidenmann mit dem US-Schauspieler John Philipp Law als Hauke Haien. In formaler Hinsicht wird der auf Abenteuer angelegte und an vielen Stellen unverhältnismäßig stark am Liebesfilm orientierte Film als Enttäuschung wahrgenommen. Inhaltlich wurde wiederum die Wienke-Handlung ausgespart und mit dem Hinweis auf eine Totgeburt umgedeutet. Demgegenüber wurden Ole Peters und dem alten Deichgrafen mehr Handlungsraum geboten und Vollina Harders als Gegenspielerin Elkes eingeführt. Haukes Dienst beim Deichgrafen wurde länger als in der Vorlage konzipiert und das Scheitern Haukes demgegenüber stark verkürzt. Folglich waren die Kritiken über den Film vernichtend: Die *Frankfurter Neue Presse* sprach vom „Deichgraf aus dem Kostümverleih", die *Süddeutsche Zeitung* verspürte in dem Film „Von Storm kaum ein[en] Hauch" und die *Frankfurter Allgemeine* verwies auf eine „Verunglückte Verfilmung"[527].

525 Zitiert nach: Freund 1984, S. 114.

526 Weinreich 1997, S. 96.

527 Zitate nach: Weinreich 1997, S. 96.

Ungleich positivere Rückmeldungen bekam die bis dato letzte Verfilmung aus dem Jahr 1984. Sie entstand als Gemeinschaftsprojekt des DDR- und des polnischen Fernsehens unter Regie von Klaus Gendries und mit Sylvester Groth als Hauke Haien. Auch hier wurde allerdings die Wienke-Handlung ausgelassen. Einem Kommentar des *Neuen Deutschland* folgend wurde hierbei der realistische Teil der Novelle in besonderem Maße berücksichtigt. Der Film stelle eine Charakterstudie Hauke Haiens dar und halte sich dabei an die doppelte Rahmung. Aufgrund des realistischen Charakters der Verfilmung sei allerdings das Moment des Spukhaften in den Hintergrund getreten. Dennoch sei die Verfilmung durchaus sehenswert.

8 Schlusswort

Die Zielsetzung dieser Arbeit bestand in einer eingehenden Interpretation und Analyse von Theodor Storms Altersnovelle *Der Schimmelreiter*. Den Ausgangspunkt bildete ein Überblick über Storms gesamtes Novellenschaffen, die das Eigentümliche in Storms Novellistik aufzeigte. In den einzelnen Kapiteln sollte darüber hinaus Folgendes deutlich geworden sein:

In Storms letzter Novelle tauchen viele Anleihen an geographische, historische und literarische Begebenheiten auf. Die geographischen und die historischen Bezüge dienen vorrangig dazu, der Novelle ein realistisches Gepräge zu verleihen. Die literarischen Motive sind hingegen bis auf einige Ausnahmen vor allem Storms Leidenschaft für Spuk- und Sagenstoffe zuzurechnen. Mit dem *Schimmelreiter* ist es ihm gelungen, trotz dieser konkreten Bezüge etwas völlig Eigenständiges zu erschaffen.

Der Schimmelreiter ist darüber hinaus eine typische Novelle Storms. Wie viele andere auch, weist sie eine Rahmung auf, durch die eine Rückwendung in die Vergangenheit erfolgt. Eingeleitet wird diese durch eine fast schon wehmütig erscheinende Erinnerungssituation, die der erste Erzähler erlebt. Bemerkenswert ist, dass dieser versucht, die beiden inneren Erzählebenen als eine Fiktion kenntlich zu machen. Das ist insofern ungewöhnlich für Storm, als er das Erzählte in anderen Novellen als real erlebt gekennzeichnet hat. Zudem unterstreicht er im Falle des *Schimmelreiter* die Überlieferungsunsicherheit zwischen den Erzählebenen und es stellt sich die Frage, welcher Erzählinstanz letztlich geglaubt werden kann.

Gerade die Binnenerzählung zeigt deutlich, dass man es mit einer sehr späten Novelle Storms zu tun hat. In ihr wird die Biographie eines ganzen Menschenlebens in einem geschlossenen epischen Fluss dargestellt. Lyrische Anleihen aus dem Frühwerk sind hier nicht mehr zu finden. Mit Hauke Haien, der Hauptfigur der Binnenerzählung werden darüber hinaus das von Storm gerade in den späten Jahren oft aufgegriffene Problem von der Verstrickung des Menschen in Schuld und die Konfliktträchtigkeit der menschlichen Existenz thematisiert. Der Protagonist erweist sich schon sehr früh als ein das Rationale überbetonender und Gefühle weitestgehend hintan stellender Mensch. Dadurch gerät er im Laufe der Jahre, vor allem ab dann, als er sein Deichbauprojekt beginnt, zusehends in Konflikt mit der Dorfgemeinschaft, die im Gegensatz zu ihm an Altbewährtem festhält und sich dem Aberglauben zuwendet. Beide Seiten begehen gleichermaßen Fehler: Hauke isoliert sich zusehends von den anderen, stürzt sich in die Arbeit und ist hart gegen seine Mitmenschen. Die Dorfgemeinschaft reagiert darauf mit zunehmender

Ablehnung und verteufelt Hauke im wahrsten Sinne des Wortes. Wesentlichen Einfluss auf das tragische Ende hat auch Ole Peters, der sich mehrfach gegen Hauke stellt und diesen von umfassenden Reparaturmaßnahmen am Deich abbringt. Hauke kann sich seiner eigenen Schuld, die letztlich zum Deichbruch führt, im Grunde nicht entziehen, denn seine Weltsicht und die der Dorfbewohner sind völlig unterschiedlich, sodass große Probleme und offene Konflikte unvermeidbar sind. Aber selbst im Angesicht der Vernichtung in der Sturmflutnacht wird sich Hauke seiner eigenen unverzeihlichen Schuld – seinem unbedingten und rücksichtslosen Ehrgeiz – nicht bewusst.

Das Übernatürliche kann als das verbindende Element zwischen der zweiten und dritten Erzählebene angesehen werden. In der Binnenerzählung werden die Figuren oftmals mit dem scheinbar Übernatürlichen konfrontiert und es gelingt eigentlich nur Hauke, diese Deutungsweise als irrational und haltlos abzuwehren. Auf der zweiten Erzählebene hingegen tritt der Schimmelreiter tatsächlich auf, sodass es nicht einmal der an sich rationale Schulmeister widerlegen kann. Entgegen verschiedener Interpretationen muss jedoch festgehalten werden: Im *Schimmelreiter* wird kein eindeutiges Urteil darüber gefällt, ob der Aberglaube abzulehnen und stattdessen eine strikt rationale Weltsicht zu favorisieren ist, oder umgekehrt. Viel übernatürlich Wirkendes kann zwar auf einen rationalen Kern zurückgeführt werden, manches aber auch nicht. Und der rationalistische Deichgraf kommt letztlich um, sein Werk hingegen überdauert Jahrzehnte. Beide Positionen stellen sich somit immer wieder gegenseitig infrage. Dieser Widerstreit findet aber nicht real statt, sondern nur auf poetischer Ebene: Es ist ein alter Mann, der sich an eine Geschichte aus seiner Kindheit zurückerinnert. Eine letztgültige Entscheidung liegt bei ihm und damit beim Leser.

Typisch für Storms Novellen kommt der Natur, vor allem dem Meer im *Schimmelreiter* eine tragende Rolle zu. Fast ausschließlich wird es in seiner zerstörerischen Gewalt und seiner Lebensfeindlichkeit gezeigt. Der Mensch macht es sich zur Aufgabe, sich vor dieser Naturgewalt durch Deichkonstruktionen zu schützen. Hauke Haien, der in seiner Kindheit noch mit einer Sicherung bestehender Grenzen zu begnügen bereit war, geht nach der Diffamierung durch Ole Peters in seinem Ehrgeiz zum Angriff über: Er deicht einen neuen Koog ein und dringt damit in den Herrschaftsbereich der chaotischen Natur ein. Sein mit Ehrgeiz vorangetriebenes Prestigeobjekt rächt sich allerdings am Ende. Natur dient in der Novelle auch dazu, das Geschehen in einen realistisch wirkenden Kontext zu setzen.

Aufgrund der verhandelten Themen und der Darstellungsweise wirkt *Der Schimmelreiter* in seinem Grundton wie viele andere Novellen Storms auch eher pessimistisch. Vor allem sind hier das tragische Scheitern des Deichgrafen im Konflikt mit seinen Mitmenschen und die insgesamt niederdrückende Atmosphäre zu nennen, die vor allem durch die Naturdarstellung erreicht wird.

Die Analyse des Werkes anhand der Novellentheorie hat ergeben, dass es viele Merkmale der Novelle aufweist:

So handelt es sich um eine typische Rahmennovelle, die das Erzählte allerdings nicht beglaubigen, sondern entglaubigen will. Das Leben Hauke Haiens als Kern der Novelle stellt zwar eine besondere Begebenheit dar, jedoch kommt es immer wieder zu wichtigen und einschneidenden Ereignissen, die den Lauf der Handlung bestimmen. Durch die Schilderung eines ganzen Menschenlebens kann auch nicht mehr von Ausschnitthaftigkeit die Rede sein. Der Protagonist fällt, eher untypisch, durch eine hohe Aktivität auf und die Novelle nähert sich hierin dem Entwicklungsroman an; Hauke scheitert letztlich dennoch. Sein Untergang ist ab dem hier festgestellten Wendepunkt unausweichlich. Es verwundert kaum, dass das Symbol der Novelle der Deich ist; er steht sinnbildhaft für verschiedenartige Konflikte, die sich durch die gesamte Binnenerzählung ziehen.

Die Einordnung der Novelle in die Epoche des Poetischen Realismus hat gezeigt, dass sich Storm durchaus einer realistischen Schreibweise und Motiven bedient hat. Einmal mehr ist die äußere Form der Rahmennovelle zu nennen, welche die beliebteste Gattung des Poetischen Realismus darstellt. Die Rahmung erfüllt hierbei vor allem eine Funktion: Durch sie wird es möglich, Spuk und übernatürliche Elemente in eine realistische Novelle einzuarbeiten, denn diese werden als Fiktion kenntlich gemacht. Als Teil einer ansonsten realen Welt wäre ihr Vorkommen sonst nicht möglich. Daneben dient die Rahmung dazu, die Begrenztheit aller Erzähler im Erzählprozess deutlich zu machen, was typisch für den Realismus ist. Die dargestellte Realität wird durch den Erzähler geordnet. Der Fokus liegt auf dem Leben Hauke Haiens, besonders auf markanten Einschnitten in selbigem, und andere Figuren werden nur in ihrem Verhältnis zum Deichgrafen dargestellt. Der vom Poetischen Realismus propagierte Detailrealismus zeigt sich vor allem dann, wenn die Natur eingehend beschrieben wird, aber auch in vereinzelten Raumbeschreibungen. Sowohl der Protagonist als auch die übrigen Figuren werden durchaus komplex dargestellt und ihr Verhältnis kann nicht, wie teilweise behauptet, auf eine bloße Gegnerschaft reduziert werden.

Darüber hinaus kann *Der Schimmelreiter* - nicht zuletzt in seiner Eigenschaft als realistische Novelle - als eine Kritik der gesellschaftlichen Zustände gelesen werden. Der Konflikt zwischen einem betont rationalen Weltbild und einer dem Aberglauben zugewandten Weltsicht treibt die Handlung voran. Hauke scheitert nicht nur an seinem extremen Ehrgeiz sondern auch wesentlich am Misstrauen und den Widerständen der Dorfbevölkerung ihm gegenüber. Keine der beiden Seiten kann für sich letztgültige Autorität beanspruchen. Ein Urteil darüber kann nur vom Leser gefällt werden, denn in der Novelle selbst werden beide Positionen immer wieder infrage gestellt. Auch wird durch das Leben Hauke Haiens die Frage danach aufgeworfen, wie sich Individuum und Gesellschaft zueinander verhalten sollten. Gerade der letztgenannte Aspekt zeigt deutlich, dass sich die Novelle bis in die Gegenwart hinein eine gewisse Aktualität bewahrt hat. Diese Arbeit sollte aber deutlich gemacht haben, dass *Der Schimmelreiter* nicht nur wegen ihrer gesellschaftskritischen Tönung, sondern auch wegen vieler anderer Aspekte als lesenswert zu bezeichnen ist.

9 Literaturverzeichnis

9.1 Primärliteratur

Bernd, Clifford Albrecht (Hrsg.): *Theodor Storm – Paul Heyse. Briefwechsel. Kritische Ausgabe. Dritter Band: 1882 – 1888*. Berlin: Erich Schmidt Verlag, 1974.

Frommholz, Rüdiger (Hrsg.): *Theodor Storm: Erzählungen*. Stuttgart: Reclam, 2004 (bibliographisch ergänzte Ausgabe).

Goldammer, Peter (Hrsg.): *Theodor Storm. Briefe. Bd. 1 und 2*. Berlin; Weimar: Aufbau-Verlag, 1984 (2. durchgesehene Auflage).

Laage, Karl Ernst (Hrsg.): *Theodor Storm: Der Schimmelreiter. Sylter Novelle (Entwurf). Text, Entstehungsgeschichte, Quellen, Schauplätze, Abbildungen*. Heide: Westholsteinische Verlagsanstalt Boyens & Co, 1983 (2., erweiterte und verbesserte Auflage).

Laage, Karl Ernst und Lohmeier, Dieter (Hrsg.): *Theodor Storm: Sämtliche Werke in vier Bänden*. Frankfurt am Main: Deutscher Klassiker Verlag, 1987.

Storm, Theodor: *Der Schimmelreiter*. München: Deutscher Taschenbuch Verlag, 1997.

9.2 Sekundärliteratur

Aust, Hugo: *Literatur des Realismus*. Stuttgart: Metzler, 2000 (3., überarbeitete und aktualisierte Auflage).

Aust, Hugo: *Novelle*. Stuttgart; Weimar: Metzler, 2006a (4., aktualisierte und erweiterte Auflage).

Aust, Hugo: *Realismus. Lehrbuch Germanistik*. Stuttgart; Weimar: Metzler, 2006b.

Balzer, Bernd: *Einführung in die Literatur des Bürgerlichen Realismus*. Darmstadt: Wissenschaftliche Buchgesellschaft, 2006.

Barz, Paul: *Der wahre Schimmelreiter. Die Geschichte einer Landschaft und ihres Dichters Theodor Storm*. Hamburg: Ernst Kabel Verlag, 1982.

Bollenbeck, Georg: *Theodor Storm. Eine Biographie*. Frankfurt a. M.: Insel Verlag, 1988.

Böttcher, Kurt: *Die Literatur zwischen 1830 und 1895*. In: Böttcher, Kurt und Geerdts, Hans Jürgen (Leitung und Gesamtbearbeitung): *Kurze Geschichte der deutschen Literatur*. Berlin: Volkseigener Verlag, 1981. S. 349-506.

Cowen, Roy C.: *Der Poetische Realismus. Kommentar zu einer Epoche*. München: Winkler 1985.

Daemmrich, Horst S.: *Realismus*. In: Bahr, Eberhard (Hrsg.): *Geschichte der deutschen Literatur: Kontinuität und Veränderung; vom Mittelalter bis zur Gegenwart; in 3 Bänden. Band 3: Vom Realismus bis zur Gegenwartsliteratur*. Tübingen; Basel: Francke, 1998 (2. vollständig überarbeitete und erweiterte Auflage). S. 1-88.

Fasold, Regina: *Theodor Storm*. Stuttgart; Weimar: Metzler, 1997.

Fludernik, Monika: *Einführung in die Erzähltheorie*. Darmstadt: Wissenschaftliche Buchgesellschaft, 2006.

Freund, Winfried: *Heros oder Dämon? Theodor Storm: „Der Schimmelreiter" (1888)*. In: Freund, Winfried (Hrsg.): *Deutsche Novellen: von der Klassik bis zur Gegenwart*. München: Fink, 1998a.

Freund, Winfried: *Novelle*. Stuttgart: Reclam, 1998b.

Freund, Winfried: *Theodor Storm*. Stuttgart; Berlin; Köln; Mainz: Kohlhammer, 1987.

Freund, Winfried: *Theodor Storm, Der Schimmelreiter. Glanz und Elend des Bürgers*. Paderborn; München; Wien; Zürich: Schöningh, 1984.

Freund, Winfried: *Theodor Storm. Literaturwissen für Schule und Studium*. Stuttgart: Reclam, 1999 (durchgesehene Ausgabe).

Gerlach, Ulrich Henry: *Aber»Glaube« in Storms Schimmelreiter?* In: Bobinac, Marijan (Hrsg.): *Literatur im Wandel. Festschrift für Viktor Žmegač zum 70. Geburtstag. Beiheft 5*. Zagreb: Universität Zagreb, Abteilung für Germanistik der Philosophischen Fakultät, 1999. S.101-117.

Goldammer, Peter: *Theodor Storm. Eine Einführung in Leben und Werk*. Leipzig: Reclam, 1980.

Gutjahr, Ortrud: *Einführung in den Bildungsroman*. Darmstadt: Wissenschaftliche Buchgesellschaft, 2007.

Harnischfeger, Johannes: *Modernisierung und Teufelspakt. Die Funktion des Dämonischen in Theodor Storms „Schimmelreiter"*. In: Laage, Karl Ernst und Eversberg, Gerd (Hrsg.): *Schriften der Theodor-Storm-Gesellschaft, Band 49*. Heide in Holstein: Westholsteinische Verlagsanstalt Boyens & Co, 2000. S. 23-44.

Hildebrandt, Klaus: *Theodor Storm, Der Schimmelreiter: Interpretation*. München: Oldenbourg, 1990 (2., überarbeitete und korrigierte Auflage).

Hoffmann, Volker: *Theodor Storm: Der Schimmelreiter. Eine Teufelspaktgeschichte als realistische Lebensgeschichte*. In: *Erzählungen und Novellen des 19. Jahrhunderts. Band 2*. Stuttgart: Reclam, 1990. S. 333-370.

Holander, Reimer Kay: *Theodor Storm, Der Schimmelreiter: Kommentar und Dokumentation; Dichtung und Wirklichkeit*. Frankfurt/M.; Berlin; Wien: Ullstein 1976.

Karoussa, Nadia: *Entstehung und Ausbildung des personalen Erzählens in der Mitte des 19. Jahrhunderts. Grundfragen einer Narrativik deutschsprachiger fiktionaler Texte unter besonderer Berücksichtigung der Erzähltechnik Theodor Storms.* Hildesheim; Zürich; New York: Georg Olms Verlag, 1983.

Karthaus, Ulrich: *Novelle.* Bamberg: C. C. Buchners Verlag, 1990.

Koch, Sabine: *Erzählte Perspektiven und Phantastik in Theodor Storms Schimmelreiter.* In: *Littérature & civilisation à l'agrégation d'allemand, Heft T.2.* Nancy, 1993. S. 141-153.

Knüfermann, Volker: *Realismus. Untersuchungen zur sprachlichen Wirklichkeit der Novellen „Im Nachbarhaus links", „Hans und Heinz Kirch" und „Der Schimmelreiter" von Theodor Storm.* Münster, 1967.

Laage, Karl Ernst: *„Der Schimmelreiter" im „Danziger Dampfboot".* In: Laage, Karl Ernst (Hrsg.): *Schriften der Theodor-Storm-Gesellschaft, Band 20.* Heide in Holstein: Westholsteinische Verlagsanstalt Boyens & Co, 1955. S. 72-75.

Laage, Karl Ernst: *Der ursprüngliche Schluss der Stormschen „Schimmelreiter"-Novelle. Eine Neuentdeckung.* In: Laage, Karl Ernst und Heitmann, Friedrich (Hrsg.): *Schriften der Theodor-Storm-Gesellschaft, Band 30.* Heide in Holstein: Westholsteinische Verlagsanstalt Boyens & Co, 1981. S. 57-67.

Laage, Karl Ernst: *Theodor Storm. Leben und Werk.* Husum: Husum Druck- und Verlagsgesellschaft, 1980 (2. Auflage).

Malsch, Katja: *Literatur und Selbstopfer. Historisch-systematische Studien zu Gryphius, Lessing, Gotthelf, Storm, Kaiser und Schnitzler.* Würzburg: Königshausen und Neumann, 2007.

Martini, Fritz: *Deutsche Literatur im bürgerlichen Realismus. 1848-1898.* Stuttgart: Metzler, 1964 (2. durchgesehene Auflage).

Meier, Albert: *Wie kommt ein Pferd nach Jevershallig? Die Subversion des Realismus in Theodor Storms ‚Der Schimmelreiter'*. In: Krah, Hans [Hrsg.]: *Weltentwürfe in Literatur und Medien: phantastische Wirklichkeiten – realistische Imaginationen; Festschrift für Marianne Wünsch*. Kiel: Ludwig, 2002. S. 167-179.

Neumeyer, Harald: *Theodor Storms Novellistik*. In: Begemann, Christian (Hrsg.): *Realismus. Epochen – Autoren – Werke*. Darmstadt: Wissenschaftliche Buchgesellschaft, 2007. S. 103-120.

Ort, Klaus-Michael: *Was ist Realismus?* In: Begemann, Christian (Hrsg.): *Realismus. Epochen – Autoren – Werke*. Darmstadt: Wissenschaftliche Buchgesellschaft, 2007. S. 11-25.

Pastor, Eckart: *Die Sprache der Erinnerung. Zu den Novellen von Theodor Storm*. Frankfurt a. M.: Athenäum-Verlag, 1988.

Paulin, Roger: *Theodor Storm*. München: Beck, 1992.

Plumpe, Gerhard (Hrsg.): *Theorie des bürgerlichen Realismus*. Stuttgart: Reclam, 1985.

Rath, Wolfgang: *Die Novelle: Konzept und Geschichte*. Göttingen: Vandenhoeck und Ruprecht, 2000.

Reichelt, Gregor: *Fantastik im Realismus: Literarische und gesellschaftliche Einbildungskraft bei Keller, Storm und Fontane*. Stuttgart; Weimar: Metzler, 2001.

Reimann, Birgit: *Zwischen Harmoniebedürfnis und Trennungserfahrung: Das menschliche Naturverhältnis in Theodor Storms Werk. Zur dichterischen Gestaltung von Natur und Landschaft in Lyrik und Novellistik*. Freiburg i. Br., 1995.

Roebling, Irmgard: *Von Menschentragik und wildem Naturgeheimnis. Die Thematisierung von Natur und Weiblichkeit in ‚Der Schimmelreiter'*. In: Eversberg, Gerd (Hrsg.): *Stormlektüren: Festschrift für Karl Ernst Laage zum 80. Geburtstag*. Würzburg: Königshausen & Neumann, 2000. S. 183-214.

Rötzer, Hans Gerd. (Hrsg.): *Geschichte der deutschen Literatur. Epochen – Autoren – Werke*. Bamberg: C.C. Buchners Verlag, 1990 (2., veränderte und erweiterte Auflage).

Schuster, Ingrid: *Theodor Storm, Die zeitkritische Dimension seiner Novellen*. Bonn: Bouvier Verlag Herbert Grundmann, 1971.

Silz, Walter: *Theodor Storms Schimmelreiter*. In: *Schriften der Theodor-Storm-Gesellschaft, Band 4*. Heide in Holstein: Westholsteinische Verlagsanstalt Boyens & Co, 1955. S. 9-30.

Vinçon, Hartmut: *Theodor Storm*. Stuttgart: Metzler, 1973.

Wagener, Hans: *Theodor Storm, Der Schimmelreiter. Erläuterungen und Dokumente*. Stuttgart: Reclam, 2001 (durchgesehene und erweiterte Ausgabe).

Wang, Zhiyou: *Theodor Storms Chroniknovellen – Flucht in die Vergangenheit?* In: Coghlan, Brian u. Laage, Karl Ernst: *Theodor Storm und das 19. Jahrhundert*. Berlin: Erich Schmidt Verlag, 1989. S. 115-119.

Weinreich, Gerd: *Grundlagen und Gedanken, Erzählende Literatur. Theodor Storm, Der Schimmelreiter*. Frankfurt am Main: Verlag Moritz Diesterweg, 1997.

Wittmann, Lothar: *Theodor Storm: Der Schimmelreiter*. In: Gaese, Heinrich; Roeder, Heinrich-Karl u.a.: *Deutsche Novellen des 19. Jahrhunderts, Interpretationen zu Storm & Keller*. 1964 (2. Auflage). S. 50-92.

Žmegač, Viktor: *Kleine Geschichte der deutschen Literatur: von den Anfängen bis zur Gegenwart*. Königstein/Ts.: Athenäum-Verlag, 1984 (2. durchgesehene Auflage).

Zeitfracht Medien GmbH
Ferdinand-Jühlke-Straße 7
99095 Erfurt, Deutschland
produktsicherheit@kolibri360.de